杠源十

暁の航跡

文芸社

プロローグ

一九二一年（大正一〇）一〇月一五日、フロックコートに中折帽という装いの海軍大臣、加藤友三郎《ともさぶろう》の姿は東京駅の一等待合室にあった。友三郎はワシントン会議主席全権としてアメリカに向かうのである。アメリカ合衆国ハーディング大統領よりワシントンにおいて海軍軍備制限問題及び太平洋・極東問題を討議するための国際会議開催の提案があり、八月一三日には正式な招請状が出された。軍備制限問題にはアメリカ、イギリス、日本、フランス、イタリアの五大国が発言権を持ち、太平洋・極東問題に関しては以上の五か国の他中国、ベルギー、オランダ、ポルトガルの計九か国が参加した。

この日に先立つ一六年前、日露戦争が日本の勝利に終り、三年前には第一次世界大戦が連合国の勝利で終戦となった。

日露戦争の結果、特に日本海軍が世界最強ともいえる艦隊を持ち、欧米を凌ぐ力を持つに至るのではないかという危惧から、第一次世界大戦で疲弊したヨーロッパ諸国に代わってハーディング大統領はアメリカ主導の国際的枠組みを作ろうとしたのである。

日本海軍はバルト海のリバウ軍港を出港して七か月、長駆一万八〇〇〇マイルの大遠征の末、日本海に到達したバルチック艦隊を海の藻屑としたが、世界一ともいわれる強大なロシア陸軍は温存されていた。そもそもロシアは戦争に負けたとは思っていなかったのである。一九〇五年（明治三八）二月、アメリカ、ミネアポリスジャーナル誌上の風刺漫画ではロシアを白熊、日本をヤマアラシとし、列強諸国が見守っている。白熊は頭に巻いた包帯に「敗北」と書いているが、ご馳走を食べることができなかっただけという。一方のヤマアラシはやっとのことで何とか生存ができたという。

一六一三年に成立したロシアのロマノフ王朝は三〇〇年間にわたり、常に戦争をしていた。ロシアは寒い国なので暖かい土地と凍らない港を求めて伝統的に南下政策を採り、当然のことながら周辺の国々と軋轢が絶えなかった。周辺国、スウェーデン、フィンランド、オーストリア、ドイツ、フランス、ポーランド、ブルガリア、トルコ、エジプトなどの国々と戦争の絶え間がなかったのである。

周辺国はロシアの残虐な情け容赦のない侵攻に長きにわたり蹂躙され、悲惨な歴史が記憶されている。そして一八世紀中頃にはシベリアを征服して領土を飛躍的に拡大したのである。一八六一年には沿海州から太平洋への航路を開くべく軍艦ポサドニックは対馬の芋崎浦に強引に停泊し、兵舎を建て半年間にわたって居座った。

その頃アジアは西欧列強の植民地の草刈場となっていた。特にロシアの強欲ぶりはひどく、ニコライ一世の野心のままに侵略を繰り返し領土を広げていった。このような伝統的な拡張主義、侵略主義を知っているので日本は戦々恐々としていたのであるが、ニコライ二世は日本人を小猿と蔑んでいた。白色人種のロシア人が黄色人種の日本人に敗けるなど夢想だにしなかったのである。

日露開戦八か月前に来日し、日本陸軍を視察した満州軍総司令官クロパトキン大将は「戦争は日本上陸を以て終ると確信する」と皇帝に奏上し、「東京で平和条約を締結する」と約束していた。アレクセーエフ極東総督は「新年舞踏会は皇居で開く」と誓約していた。

このように戦争をしても日本がロシアに敵うはずがないと思っていた皇帝を始めとする軍首脳陣であったが、ロシア貴族のソフィア・フォン・タイル夫人は捕虜となった夫に会うために日本に来て、フランス領事の案内で神戸から瀬戸内海を夫のいる収容所のある松山に行く船上で広島県の呉に寄港し、海軍工廠の赤レンガの大工場が立ち並び、ハンマーの響きが大気を揺るがせ、煙突からモクモクと煙が上っているのを見て、日記の中でその衝撃を語っている。

これが徹底的に新生した本当の日本の姿なのだ。（中略）この活動力、ヨーロッパ方式、進歩のすべてが、私に口も利けないくらいの驚きと絶望を与えた。瀬戸内海の小さな割れ目にかくれているこのような真の日本の姿を、誰が夢想し得ただろうか。東京のロシア公使館は、これを察知して、ペテルスブルグに警告を送ることが出来たかどうか。

（『日露戦争下の日本　ロシア軍人捕虜の妻の日記』）

日本海海戦時、連合艦隊参謀長だった友三郎は、次の年海軍次官に任命され、一九一五年（大正四）には海軍大臣になっている。以後七年一〇か月にわたって大隈、寺内、原、高橋と四代の内閣で海軍大臣の職にあった。

その間、友三郎は海軍力の増強に努め、国防を充実させるために戦艦八隻、巡洋艦八隻の八八艦隊の構想を立てた。しかし国家財政にとって八八艦隊構想などとんでもないことであった。

すったもんだの末、一九二〇年（大正九）以降の八年間をかけて八八艦隊構想実現の見通しが立ったのであるが、一九二一年（大正一〇）の海軍費は国家予算の三割以上になったのである。同時期アメリカは第一次世界大戦で疲弊したイギリスを追い越して世界第一位の海軍を目指していたし、イギリスもアメリカに追随しようとしていた。日本、アメリカ、イギリスの造艦競争は当然のことながら三か国の国家財政に重くのしかかったのである。将来を見通す明晰な頭脳を持つ友三郎には自らが考案した八八艦隊構想がどれほど国家の重圧になるかということがよく分かっていたし、将来的には国家財政が破綻することも理解していた。同時に列強の軍備拡張に強い危惧を抱き始めていた。

そのような状況下でワシントン会議の招請状が来て、紆余曲折の末、友三郎が主席全権に選ばれたのであるが友三郎には密かに期するものがあった。

日露戦争まで日本とアメリカは友好国であった。そして何よりも肝心なことは、アメリカ・イギリスが日本の外債を買ってくれなければロシアとの戦争は不可能であったことである。

しかもアメリカ大統領セオドア・ルーズベルトの仲介がなければロシアとの講和は成立しなかった。そのアメリカが軍備制限を主題とする国際会議を提唱してきたのである。

では主席全権として誰を選ぶか。時の原敬首相は「海軍からしっかりした人物を選ぶべきである」という思いで、そうなると友三郎しかいなかった。連合艦隊司令長官であった東郷元帥も友三郎しかいないだろうと思っていた。友三郎は大胆と細心を併せ持った人で、透徹した頭脳の持主であり、大局を見通せる人であった。無愛想で無口であり、様々な会議においてもむやみに意見を言わないが、ズバリと結論を言いその言葉に対峙できる人はいなかった。

友三郎は日露戦争による負債を十分理解していた。独自の発展を遂げたアメリカの国力が如何なるものであるか、また何を目論んでいるのかも分かっていたのである。

友三郎は造兵監督官として滞在したイギリス、第一次世界大戦とそれ以降の欧州を見て「国防は軍人の専有物ではない。戦争は軍人だけでできるものではない」という思いを強くしていた。経済、工業、貿易、金融など国家の力を総動員した上で抜群の見識を持ち、知力、胆力共に秀逸な熟練の指導者、政治家がいなければ国を守ることはできないという信念を持つに至ったのである。

すでに日露戦争時とは比べものにならない軍事費が必要とされていた。

大戦景気により債務国から債権国になった日本の急速な台頭は欧米列強の警戒心を招いた。そして将来的にアメリカの技術力、工業力に対抗できないのは友三郎から見れば明白な現実であった。このような状況下、友三郎を主席とする全権団はアメリカへ旅立った。

第一章

新興国家日本

友三郎　海軍へ

友三郎は一八六一年（文久元）二月二二日、安芸国浅野藩の家臣加藤七郎兵衛の三男三女の末子として生まれた。生家は広島市大手町、現在の広島市役所の西側で至近距離にあった。広島は島根県との県境にある西中国山地から流れ出た太田川が瀬戸内の河口に造った扇状地の町である。太田川は風化花崗岩を泥として運び、河口に堆積して多くの島を造り、江戸時代に盛んに干拓が行われ、明治・大正・昭和と埋立てが進み、現在の広島市ができた。戦国時代には友三郎の生家のあたりは海と陸の汀であった。中国地方を制覇した毛利元就の孫、毛利輝元が広島城を築城した時は島普請と呼ばれた。多くの島々が点々とある中の広い島に多額の費用をかけて城を築いたのである。広島という地名は毛利氏の祖、鎌倉幕府の政所別当《まんどころべっとう》（長官）大江広元の名前からとも、広い島であるからとも言われている。

七郎兵衛は儒学者で、町方役として司法官の仕事をしていたが、後に教育関係の役人となり、藩の学問所で教鞭を執っていた。この学問所を引き継いだ山田十竹《じっちく》の「山田十竹（養吉）門弟名簿」に友三郎の名前を見ることができる。藩校は現在、修道中学校・高等学校となっている。

友三郎の母は竹といい七郎兵衛より六歳下で、かなりの女傑であったらしい。写真を見るとすぐ友三郎の母と分かるほどそっくりである。四七歳で夫と死別しているが、後に長男の種之助と友三郎の家を行き来し幸せな老後を過ごした。三男三女を育て上げ、一番上は女性で静といい、友三郎が一番懐き慕っていた。夫とは若くして死別したが、ずっと広島に住んでいた。友三郎が長じて広島に帰省した折には真っ先に姉のところに飛んで行って四方山話に時間を忘れたものである。

奇しくも彼女は友三郎の亡くなった同じ年の五か月前に没している。友三郎の落胆、喪心はいかばかりであったろうか。次女は清といい若くして亡くなった。三番目は長男種之助といい、友三郎より一七歳上で父親代わりであり大きな影響を与えた。四番目の次男敬次郎は早世した。五番目は三女さほで結婚して四七歳で死亡。六番目が三男友三郎である。

長男種之助は父について学び長州征伐に参加し、後に鳥羽伏見の戦いで薩長側について戦っている。東北を転戦し、明治以降は海軍、陸軍を転任した。海軍大学校副官に任ぜられたのを最後に退任し、四八歳で没している。

父が亡くなった時、友三郎は三歳であったが母と姉には可愛がられて育ち、長兄には学問を教わった。長兄種之助亡き後、友三郎が家督を相続した。友三郎は体はあまり丈夫でなかったが自負心が強く、長じても人に頭を下げるのが嫌いで負けずぎらいだったが、鋭い感覚と明晰な頭脳で物事を見つめ、対象の包み隠された姿を鷲掴みにして白日の下に曝け出すという激しい精神を秘めていた。

兄の影響を強く受けた友三郎は一八七三年（明治六）、一三歳の最年少で海軍兵学寮に入った。後の海軍兵学校である。

一八世紀末から通商を求めて日本近海を異国船が遊弋《ゆうよく》し始め、一八五三年（嘉永六）六月、ペリー艦隊の来航以来、日本は西欧列強の脅威に晒されることになった。近代国家に脱皮するため、西欧列強に対抗するため、日本は近代的制度や新技術の導入、軍制の改革を急いだ。陸軍は薩長中心の諸藩軍から後の近衛兵の徴集、中央直轄軍として東京、仙台、大阪、熊本に四鎮台を置くなど矢継ぎ早に改革を進めた。

フランス革命以降、欧米では国民皆兵が主流になっていて日本でも旧藩兵による職業軍人から成る軍は財政負担も大きいため徴兵制が取られた。徴兵制は身分に関係なく満二〇歳以上の男子に兵役の義務を課したが、官吏や公立学校の生徒、一家の戸主・長男・一人っ子・養子は兵役を免除された。さらに、代人料二七〇円を納めれば兵役を免除されたが、徴兵制の理念は国民皆兵であった。

海軍は築地の海軍操練所に始まるが、改称を経て後に広島県江田島に移り、アメリカ・アナポリス、イギリス・ダートマスと共に世界の三大海軍兵学校となっている。

一八七六年（明治九）、兵学寮は兵学校と改称されると共に友三郎は予科を終了して本科に進んだ。その頃の本科生徒は英学、航海学、造船学、砲術、医学、蒸気機関学、兵学、軍律、化学大略、海上諸規制などを学んだ。

卒業に伴う遠洋航海で旧幕府軍艦「筑波」に乗艦し、北米のバンクーバーに向かい、サンフランシスコ、ホノルルを経て品川に帰港している。一八八〇年（明治一三）、二一歳の時、八年間の修練を経て次席で卒業し、海軍少尉補に任ぜられた。友三郎はいわゆる秀才肌ではなく、特別に勉強するという風でもなかったけれども持って生まれた才能で徐々に頭角を現わし、首席で卒業した島村速雄と共に、海軍を担う逸才として嘱望されるに至るのである。

卒業後の友三郎は練習艦に乗組み、ニュージーランド、チリ、ペルーなどを巡洋した後、一八八三年（明治一六）、二三歳で少尉に任官した。三年後には海軍兵学校砲術教授心得となり、さらに二年後海軍大学校学生となり、卒業後は「浅間」「高千穂」などに乗組み、砲術の指導に当った。友三郎は無愛想で取り付く島もないほどぶっきらぼうであったが、砲術教官としての指導は理論的で平易であり、掌《たなごころ》を指すようであり、若い学生や乗組員には彼らの能力、理解度に応じて説明、指導したので評判はとても良かった。

一八九〇年（明治二三）、三〇歳にして友三郎は浅野藩士恵美鉄允の次女喜代子と結婚し、新居を東京に構えたが、その年末に母清が亡くなっている。

その頃日本はイギリスに数隻の軍艦を発注していたが、その検査・監督が地元大使館付武官では心もとないため、友三郎が造兵監督官としてイギリスに赴くことになった。

初めてのヨーロッパなので準備に忙殺されている折も折、父とも師とも思い、幼少期より手塩にかけて面倒を見てくれた兄種之助が他界した。前年に母を亡くし、また今、兄を失ったが、自分は妻を得て、その妻を残してイギリスに渡ろうとしている。海軍軍人であり、海上勤務が多いという宿命を持つ友三郎であるが、生者必滅《しょうじゃひつめつ》、会《え》者定離《しゃじょうり》、つくづく世の無情と邂逅の縁《えにし》を感じるのであった。

兄の葬儀を済ませ、家督相続の手続きを終えた友三郎は寸暇を惜しんで公務を片づけ、イギリスに行く船上の人となった。

友三郎がイギリスに渡った頃、大国間の根回し役をしてきたドイツ帝国宰相ビスマルクが失脚し、新帝ヴィルヘルム二世は勢力拡大を図ったため、ヨーロッパ大国間のバランスは崩れ、独・墺・伊の三国同盟と露・仏の露仏同盟に分断された。

イギリスだけはどちらのブロックにも与せず「光栄ある孤立」などと言われたが、世界中の植民地で争っていた。

フランスとはアフリカや東南アジアで、ロシアとは中央アジアで、ドイツとはアフリカや南太平洋で、アメリカとは南北アメリカやカリブ海で、勢力圏争いをしていた。

この地球規模の植民地獲得競争にはさすがの大英帝国も手が廻らず、後の日英同盟締結にも繋がってゆくのである。国内に目を転ずると、昔から事実上の植民地とされてきたアイルランドで自治権を要求する運動が起るが実現せず、さらに自治の実現を目指したが、解決されていない。

イギリス滞在中、友三郎は軍艦「吉野」の造兵監督に当ったが、彼の国の政治制度、軍事制度について考えさせられることが多かった。市民階級が早くから形成されたイギリスではピューリタン革命と名誉革命という二つの革命を経て議会政治が確立し、「王は君臨すれども統治せず」という伝統が生まれた。一八世紀後半に始まった産業革命により、大英帝国は空前の繁栄を果たし、イギリス海軍は世界の海を制覇していった。技術的にも流体力学、冶金工学などで世界の最先端を行き、科学技術の進歩、発展に伴う近代化はイギリス海軍にとって最大の課題であった。イギリス海軍にはダートマス海軍兵学校を始め、様々な学校があり、幹部・士官を教育したが、その教育は長い歴史の上にあり、実利的でもある。

先任序列の原則を確立させてきたが、逆にこれにこだわらないところもあり、ナポレオンのフランス艦隊を破ったトラファルガー海戦のネルソン提督は階級は六番目であり、将官序列では七番目であった。イギリスは実利主義で現実主義の国である。階級社会であり、様々な矛盾を内包しつつも世界最大の海軍国となった歴史を持つイギリスに友三郎は藩閥に偏った人事に涙をのんだ兄、種之助のこと、自身の姿を映して、かつての藩、現在の日本海軍、そして将来のあるべき姿を考えたのではあるまいか。

友三郎は軍艦「吉野」の完成後は砲術長となり、呉軍港に回航した。

イギリス滞在中には長女、喜美子が生まれている。

帰国した年に始まった日清戦争では友三郎は「吉野」の砲術長として、実戦を経験し、砲術に関する長年の研鑽が実って赫々《かくかく》たる戦果を上げ、日本の圧倒的勝利で講和が成立したが、それに先立ち友三郎は海軍省軍務局第一課員に任ぜられ、イギリス出張以来喜びも悲しみも共に過ごした「吉野」を退艦し東京に帰った。

当時の軍務局長は後に首相となる山本権兵衛であった。彼は薩摩に偏重した海軍人事を改め、大鉈を振るい公平に優秀な士官の登用を図った。彼は日露戦争で閑職にあった東郷平八郎を連合艦隊司令長官に抜擢した人でもある。

軍務局は予算、人事を担当する正に海軍の中枢であり、ここでの経験が後に友三郎を優れた軍政家にした礎であったことは間違いないであろう。

砲術でも海軍大学校砲術教官を兼ねて、一八九七年（明治三〇）、友三郎は海軍中佐に昇進した。

友三郎は山本権兵衛から多くのことを学んだ。山本は海軍兵学寮幼年部第一期生だったが、その頃の生徒は戊辰戦争で実戦経験豊富な人間が多いため、教官を馬鹿にしていつも衝突していたが、彼は常にリーダーだった。一一歳で薩英戦争に従軍し、一七歳で鳥羽・伏見の戦い、東北の奥羽越列藩同盟との戦いにも従軍している。彼は征韓論で下野した西郷隆盛を追って、兵学寮を退学して郷里の鹿児島に帰ったが、「日本がこれから独立国家として存続するには海軍の力が必要である」と諭され帰京して復学している。

彼の人生において最も華々しい戦果は妻の登喜子を獲得したことである。彼女は新潟の水呑百姓の家に生まれたが、生活の苦しさから品川の女郎屋「箸屋」に売られてしまった。「箸屋」の主人は彼女が未成年なので客を取らせてなかった。「箸屋」の向かいの村田屋に弟と逗留していた権兵衛は彼女に一目惚れして夜這いをかけ、弟と共に彼女を奪ったのである。そして店側と交渉し、身請けの金を分割払いにしてもらって結婚した。彼は品行方正で酒も煙草もやらず、几帳面で、生活は質素であった。周りの者は「権兵衛の趣味は何だろう」と噂したが、趣味は妻で、ひたすら愛したのである。

さらに彼は海軍創設期に入った人々を整理し、若手を重用した。薩摩出身以外の有為な人材にも目を掛け登用した。友三郎もその一人である。

友三郎は寡黙で多くをしゃべらずいつもしかめっ面をしているが、心の奥深くでは激しいものを持ち、合わせて叡智と創造力を兼ね備えていた。会議においても黙って聞いているが、最後に的確な判断を下した。

こういう友三郎の性向と山本権兵衛のような大局を見て判断する積極果敢な行動が合わさって後の友三郎を形作っていったのであろう。

一八九八年（明治三一）、友三郎は「筑紫」の艦長を命ぜられた。「筑紫」は清国居留邦人保護のため、呉軍港を出港の後、上海、南京、厦門などを巡航して任務を果たした後、呉軍港に戻っている。

その頃のアジア

一八世紀後半に始まった産業革命は世界を大きく変え、資本主義国とその支配下に置かれた国、地域に分けられるようになった。工場での大量生産で安価な商品を大量に生産するようになり、アジアは香辛料、茶、綿花などの原料の供給地になると共に、ヨーロッパ製商品を販売する市場ともなっていった。武力を背景に進出した欧米の国々によって二〇世紀初頭のアジアの国々はまるで草刈り場のようになってゆき、アジア諸国は伝統的な旧体制を倒して欧米を模倣した改革を進め近代国家に生まれ変るのか否かという存亡の危機を迎えた。

西洋の東洋侵略は一七世紀に始まる。

スペイン、ポルトガル、オランダ、イギリス、フランス、ドイツ、ロシア、アメリカなどが植民地を獲得するために鍔迫り合いをし、植民地政策を推進するためにイギリス、オランダなどは東インド会社を設立し、アジアの国々を蚕食していった。

こういう歴史の背景には西欧諸国の有色人種に対する根深い偏見があった。アジアの黄色人種、アフリカの黒人、オーストラリアのアボリジニ、南アメリカのインディオなどは奴隷のように扱われたり、キリスト教と軍事力一体で動物のように虐殺の対象とさえなった。アジア諸国に対しては特に産業革命後は圧倒的な工業力、軍事力で抑圧と支配を強めていった。

イギリスはインド、シンガポール、ビルマ、マレーを植民地とし、清ではアヘン戦争を起こし、一八四二年には香港を獲得した。

フランスはベトナムを手に入れた。

オランダはインドネシアの東インド諸島を領有した。ドイツは東ニューギニア、マーシャル諸島を手に入れた。南北戦争を終えたアメリカはハワイを併合し、米西戦争でフィリピンやグァムを奪い太平洋への勢力を拡大した。ロシアは南下政策により版図を広げ、一八六〇年に清との間に北京条約が締結されるに及んでウスリー以東を沿海州とし、バルト海からオホーツク海、ベーリング海峡に至るユーラシア大陸を支配する大帝国となった。

中国における西大后の頑迷固陋な保守的体制と対照的に、幕末から始まっていた幕府や諸雄藩による独自の近代化政策で日本はアジア諸国と異なり、明治維新で近代日本の幕開けを迎えることができた。

友三郎の生涯は新興国日本の歩みと軌を一つにしたものである。

日本と朝鮮は豊臣秀吉による朝鮮侵略で国交が途絶えたこともあったが、江戸時代には朝鮮通信使が往来するようになり、善隣関係を築いてきた。ところが明治新政府が改めて国交樹立を求めたところ、西洋化政策を進める日本に警戒感を抱いていた朝鮮はこれを拒否した。日本政府は現ソウルに近い江華島に軍艦雲揚号を派遣して測量を行うなどして朝鮮側の砲台と交戦するに至った。結局この講和では軍事力を背景に領事裁判権、関税の免除という不平等な条約を朝鮮に押しつけた。明治維新の時、列強から押しつけられたことと同じことを朝鮮に対して行ったのである。日本は朝鮮を清から独立させて、自身の影響下に置こうとしたのであるが、当然のことながら朝鮮を従属国として宗主権を主張する清との間で対立が深まっていった。日本国内では富国強兵・脱亜入欧のスローガンの下、諸制度、軍制を改革していった。陸軍はフランス式軍制を採用するとしていたが、普仏戦争でプロイセン（ドイツ）が勝ったことで政府はドイツ式軍制に方針転換した。海軍はイギリス式が定着した。また一八八〇年代からは関係の悪化した清の海軍を仮想敵として艦艇の充実を図ったのである。そして一八九四年（明治二七）二月、朝鮮で東学党の乱が勃発し、朝鮮政府の要請を受けた清が鎮圧のために派兵すると日本も出兵し、八月には宣戦布告した。一八九五年（明治二八）、日本の圧倒的勝利で日清戦争は終結し、四月一七日に下関条約が調印された。朝鮮の独立、遼東半島、台湾、澎湖諸島の割譲、日本円で約三億円の賠償金などの支払いが決められた。日本は朝鮮半島から清を駆逐し、大陸進出の端緒をつかんだのである。

ところが、下関条約調印から六日後、ロシア、フランス、ドイツの公使が外務省を訪問し、日本が手に入れた遼東半島を返還するよう圧力をかけてきたのである。イギリスは日本にロシアの南下を阻止する役割をさせようと思っていたので三国干渉には参加しなかった。日本では伊藤博文首相が御前会議を開き、

（1）三国の勧告拒否
（2）列国会議を開いてこの問題を諮る
（3）勧告を受け入れる

の三案が検討されたが、結局勧告を受け入れることになったのである。日清戦争を見極めた欧米列強の思惑が日本の大陸進出に歯止めをかけたことになる。以後日本国内ではロシアに対する反感、憎しみが湧き起った。清からの賠償金の六割が軍備拡張にあてられ、日清戦争の時以上の軍事費が計上された。三国干渉で列強による屈辱を味わった日本では軍備拡張のため、増税が行われ、国民にとって大きな負担となったが「臥薪嘗胆」のスローガンの下、富国強兵に突き進んだ。

かたや日清戦争の敗北によって清の弱体を見た欧米列強はそれまで清の従属国であったベトナム、ビルマ、遼東半島などへ進出し、まるでハイエナの如く、中国分割に火をつけたのである。

ロシアはシベリア鉄道に接続する東清鉄道の敷設権を獲得し、遼東半島の旅順・大連の租借権も認めさせた。ドイツは山東半島の膠州湾を租借、イギリスは九竜半島と山東半島東端の威海衛を租借、フランスは広州湾を租借、日本は福建省の保全を約束させた。南北戦争やフィリピンの植民地化で出遅れたアメリカは清の門戸開放と機会均等を提唱して中国進出の野望をむき出しにした。尾羽打ち枯らした落日の清はあたかも列強の草刈り場のようになり半植民地化したのである。正に清にとっては屈辱の百年の始まりであった。

ところが一八九九年（明治三二）、山東省で「扶清滅洋《ふしんめつよう》」を掲げる義和団の乱が起き、勢力を拡大して北京に迫った。西大后ら保守排外派はこれを利用して各国に宣戦布告したため、ロシア・イギリス・フランス・ドイツ・イタリア・オーストリア・アメリカ、それに日本の八か国は連合軍を結成し、北京を占領した。「北清事変」といわれるこの騒乱で清に四億五〇〇〇万両（テール）の賠償金支払いが課されたのみならず、外国軍の北京駐留権などが認められ、中国の半植民地化がさらに進んだのである。一方、ロシアは義和団の乱に乗じて、満州に派遣した大軍を撤退させなかった。ニコライ二世の「一度獲得した領土は決して手放さない」という信念の下、南下を窺ったのである。

第二章

日露戦争への道

ロシアでは

ロシアではモンゴルの支配を経て、リューリク王朝から動乱の後、ロマノフ王朝が誕生した。

ヨーロッパの国々はロシアを異質な、ヨーロッパとは以て非なる異形の国として、一線を画してきた。ピョートル一世はロシア史上最も有名な皇帝であり、最も人気のある歴史上の人物である。彼はヨーロッパに比べて遅れているロシアのあらゆる面で近代化を図った。身分を偽ってオランダの造船所に勤め技術の習得までしている。税収増を図りあらゆる方法で農奴にまで課税した。ヒゲにまで課税する始末で、税収は従来に比べ三倍になった。教会も国家の一機関に格下げされた。軍を近代化し、海軍も造った。そして常に戦争をしていた。国民の負担はおかまいなしであるから、貴族から農奴に至るまでたまったものではなく、国民の心は彼から離れていった。数多くの反乱や事件が起きているし、皇太子アレクセイの事件もこうした状況の中で起きている。反皇帝陰謀の罪で皇太子は死刑を宣告され、獄中で死を迎えた。

貧困の家庭に生まれ、スウェーデン兵士と結婚して主人はあっけなく戦死して、自らは捕虜となったものの、ピョートル大帝に見出され後にロシア史上初めて女帝となったエカテリーナ一世、夫を政争で葬り女帝となったエカテリーナ二世、ナポレオンをモスクワより退けるも「父親殺し」の烙印を押されたアレクサンドル一世、中央アジアでの植民地戦争、ポーランド弾圧、専制体制に不満を抱く青年将校が起したデカブリスト蜂起の鎮圧、クリミア戦争の敗北など、戦いに明け暮れたニコライ一世、クリミア戦争の敗北を機に、国政の大改革に着手したが、爆殺されたアレクサンドル二世、テロリストの活動が盛んになり、政情が不安定となる中、専制国家体制を堅持し、シベリア鉄道の建設を始めたアレクサンドル三世、日本人を小猿と呼び、日露戦争を戦い赤色革命に消えたロマノフ王朝最後の皇帝ニコライ二世、いずれの皇帝も西欧化政策を行ったが、ついに真の西欧化を果たすことはできなかった。

専制体制下で、皇族、貴族、高級軍人、高僧らは皇帝に服従し、モスクワ、ペテルブルグなどの都会に住み、広大な農園からもたらされる収入で優雅な生活を送っていたが、その体制を維持するために国家のあらゆる階層、貴族の子弟から農奴までが軍に縛りつけられた。労働者、農民はまるで奴隷のように抑圧されていた。ペテルブルグやモスクワに近い村でも不潔で、道はぬかるんでいて、ちょっとの雨でも川のようになった。農民の家はどこに行っても潰れかけていて豚小屋に寝ている農民は多かったし、長年にわたって悲惨な境遇に置かれて、皇帝や貴族らの支配者層から顧みられることはなかったのである。

ソフィア・フォン・タイル夫人は日記の中で羨望の念を持って瀬戸内海を航行中の情景を描いている。

海の水は広がって湖を造り、狭まって運河となり、切り立った両岸にはみどりの稲田が山頂までだんだん畑になっている。そして、松並木が、どの丘の上でも空にシルエットを画いている。おもちゃのような町や村は、護岸や防波堤に囲まれ、灯台や港のブイを備えて、細やかでまとまった文化を窺わせた。灰色の壁と、黒い屋根の家々の中央には、白色の交番があり、お寺の破風作りの門と、ゆるやかな曲線を描いた大きな屋根が、松と楠の深い森の中に聳えていた。天国のようだ！　すべてが何とロマンチックで、劇的で、信じられないくらい絵画的ではないか！　理想郷、夢の国、世界の宝のような風景。

（『日露戦争下の日本　ロシア軍人捕虜の妻の日記』）

瀬戸内海には七二七の島がある。そのうち、小豆島の西の備讃諸島から安芸灘、斎灘、広島湾にかけての芸予諸島、防予諸島の間は特に島が多く、指呼の間に島々が点在し、正に日本の原風景とも呼べるものである。

穏やかな海に浮かぶ柔らかくも優美な曲線が幾重にも連なる島影に魅了された夫人の日記は続く。

外人居留地とは縁のない、瀬戸内海の漁師や百姓が住んでいる小さい村々は、じつに文化的に清潔に整えられているではないか。それに較べて私たちの国ではどうだろう。ペテルスブルグやモスコウにごく近い村でも、道はぬかるみ、潰れかけた家屋は豚小屋同然の不潔さであり、農民はこの悲惨さの中に無智文盲のまま放置されているのだ。

（『日露戦争下の日本　ロシア軍人捕虜の妻の日記』）

ロマノフ王朝は徳川幕府より一〇年遅れて興り、五〇年遅れて滅亡している。歴代の皇帝は飽くなき欲望のため、「一度獲得した領土は決して返さない。国境線は一ミリと雖も引き下がらない」というロシア人の体質が具現化した存在であったが三〇〇年も経てばタガが狂うものであり、アレクサンドル一世がナポレオン軍を撃退してヨーロッパに遠征した折、青年将校が自由民権思想とヨーロッパへの強烈な劣等感を持ち帰り、専制体制に影響を与えたのは皮肉なことであった。

ヨーロッパの国々から総スカンを喰らったロシアは一六世紀後半ウラル山脈を越えてシベリアに向かい、オホーツク海、アムール河（黒龍江）に到達するのである。ここでは当然のこととして中国との戦いに敗れたロシアはネルチンスク条約でアムール河以東から沿海州までの広大な土地を失った。一七二七年にはキャフタ条約で現在のモンゴル、ロシア国境線が決まった。一九世紀後半になると、清の弱体化に伴い、アイグン条約、北京条約、イリ条約で広大な領土を獲得し、さらに旅順、大連を租借したのである。

ロシアはヨーロッパで仲間外れにされたが、シベリア、極東アジアに領土を持っているとはいえ、アジアからも相手にされなかった。北極の白熊同然に恐れられ、嫌われたのである。沿海州まで至ったことで当然のことながら、ロシアは、日本海を経て、東シナ海、太平洋への進出を企てた。

一八世紀末よりロシア船は日本近海を遊弋し、通商を求めて各地に来航した。対馬事件はこういう状況下、一八六一年（文久元）に起った。奇しくも、友三郎の生まれた年である。

二月三日、ビリレフ艦長指揮のコルベット艦ポサドニックが突如として対馬芋崎浦に現れた。艦長は同艦の破損箇所の修理を口実にして、無期限の停泊を伝え、必要な食料、木材、大工などの提供と宿泊施設を要求した。三月四日には芋崎浦に上陸して冬営設備などを造り、「イギリスが対馬を占領しようとしているので我々が守る。ついては芋崎浦を永久租借したい」と語るに落ちる要求をした。対馬藩は強硬に拒絶したが、ビリレフ艦長はこれを無視し、建物を増築し、作物、牛を略奪、島民を殺傷、暴行するなどの行為を繰り返し、海上から威嚇の砲撃を加えたりした。こうした事態に対し、藩は外交手腕に長けている前家老の仁位孫一郎を復帰させた。

五月に入って、長崎奉行所から与頭永持亨次郎がビリレフと会見し、出港時期、芋崎浦に建てた施設、島民に対する殺傷について談判したが、いい加減な返事しか返ってこなかった。

幕府は対馬藩に対して、ロシア兵と島民が衝突をしないように命じた。

五月七日、対馬に到着した外国奉行小栗豊後守忠順はビリレフと数度会見したが、懸案についてはのらりくらりとした態度をとり、逆に執拗に藩主との会見を求めたので、遂に内諾を与えてしまった。

これは対馬藩にとつては辟易するだけの、いらざる迷惑なことであった。

事件発生以来、幕府は英国公使に経過を報告し、イギリスに干渉を求めた。イギリスは極東に最強の海軍を持っている。イギリスは日本、東洋における政治的、経済的利益のためと同時に、ロシアを抑えようという目的のために乗り出したのである。

小栗豊後守は幕命を帯びて、上使として対馬まで下向したのに、事態の解決には何ら寄与することもなく、早々と対馬を離れた。六月二〇日、江戸に帰った彼は、病気のゆえをもって対露交渉の役目を辞任し、ついで二六日には外国奉行の職も解任された。

小栗豊後は、これは国（幕府）の建前に関わることで、辺地の出先で解決できる問題ではないと考えていたらしい。これより二月《ふたつき》の間、事態は対馬の知らない処《ところ》で大きく動いたが、その間、芋崎を占拠したビリレフが執拗《しつよう》に土地の租借を要求するのに対して、仁位孫一郎は頑《がん》としてこれを拒絶し続けた。

そこで領主に直接面謁したいというビリレフの要請に対して、小栗がそれを仲介したことは理解に苦しむが、五月二五日、ビリレフは士官・通詞らを従え、新来の艦に便乗して府中へ来た。翌二六日、藩の要職が列座した中で藩主義和《よしなり》に面謁。ビリレフが言上したことは、長期にわたって滞留したことへの御礼が主で、土地租借のことは一言も出さなかった。

藩主との対面を終えて芋崎へ帰ったビリレフは、今度は領主が艦を訪問されたいと申し出たが、藩はこれを断った。（中略）これ以後、ロシア艦の動きも激しくなったが、ここでまた情勢が大きく変る。

七月二二日、イギリス軍艦エンカンテールが、僚艦アクテオンを伴って浅海湾に来航、芋崎の西に錨泊した。エンカンテールはイギリス艦隊司令官ホープ提督の旗艦であった。（中略）

八月一四日、ビリレフより「明日出港する」との通報があり、翌一五日の午《ひる》の時刻、ロシア艦は半年ぶりに立ち去り北の海に姿を消した。ロシアはイギリスと争うことを避けたのだ。

対馬の力ではどうすることもできず、幕府の役人が来ても動かなかったロシア軍艦が、イギリス軍艦の力によって追い出された格好になった。時の人は、「夷を以て夷を攘《はら》った」と旨《うま》いことを言っているが、この裏でいろいろの外交が働いていたことは知る由もない。

（『対馬国志』第二巻）

このように「夷を以て夷を攘《はら》った」と『対馬国志』にはあるが、その後、ロシア軍艦が対馬に来ることはなかったものの、ビリレフは対馬をロシア領とする明白な意図を持っていたので、対馬藩がロシア側の威圧、強迫、島民への殺傷、暴行に隠忍自重することなく、全面衝突していれば、対馬はロシア帝国の領土となり、後々の日本にとって限りない厄災をもたらしたであろう。藩内においては、城を枕に討死すべしという強硬論が徐々に広がっていったので、穏健派が幕府に任せて、ビリレフの横暴にじっと耐えたのは実に賢明であった。

この事件が日本人に与えた教訓はロシアは平気で嘘をつく、狡い、恐ろしい国であるということだった。

ロシアは政府の公式な発言と行動が常に相反している国であり、その歴史はあたかも他民族抑圧と領土拡張という二頭立ての馬車の如くである。

開戦前夜

日露開戦は世界中の注目を集めた。西洋対東洋、白色人種対黄色人種、キリスト教国対仏教国、強大な軍事大国対門戸開放したばかりの小国等々、あらゆる面でロシアと日本は異なっていた。当時の新聞論調はイギリス、アメリカは日本に好意的だった。ニューヨーク・ワールド紙は「東洋のヤンキーの海軍の最初の攻撃は大胆で巧みで迅速、徹底的なものであり、大多数の米国人は温かな賞賛以外に言葉はない。この感情は小さな交戦者が大きな敵に大胆に挑んだ自然な同情によるためばかりではない。アメリカが最初にその地で文明の入口への扉を開いて以来、日本国民は西洋世界の尊敬を集めずにはおかないほど、驚嘆すべき進歩と自己改善の能力を示してきた」と日本人を東洋のヤンキーと書き、大国ロシアと戦う日本人の勇気をアメリカ人は絶賛したのである。また駐米海軍武官の竹下勇中佐によると、日露戦争が始まると、金銭、武器の寄付や武器・弾薬持参で義勇兵として参戦したいという申し込みが殺到し、断るのが大変だったという。中には軍艦一隻を寄贈したいという財界グループや日本軍はロシア軍のコサック騎兵に較べて馬が貧弱なので、騎兵一個連隊を組織して加勢すると名簿まで添えた申し込みもあったという。

特に、アメリカの黒人は日本を熱烈に応援した。黒人の新聞は日本が白人優位を覆し、抑圧されている有色人種を解放してくれるのを期待した。ニューヨーク・エイジ紙は「日露戦争が有色人種を奮い立たせ、ヨーロッパが搾取しているアフリカ大陸も解放されるだろう」と報じた。白色人種が黄色人種に勝っているという神話を日本が砕いてくれると期待したのである。またインディアナ・ワールド紙は「戦争の責任はロシアが朝鮮を侵略したからであり、戦争を仕掛けたのはロシアである。ロシア皇帝は世界一の土地泥棒である」と非難した。

さらに、帝政ロシアの打倒に燃えるレーニンは、

「戦争が始まった。日本軍はロシア軍に各方面で勝利している。ロシアの労働者と農民は何のために戦わなければならないのか。ロシア政府が略奪した新しい土地『黄色

いロシア（満州）』のためである。『黄色いロシア』には要塞と港湾が築造され、鉄道が敷設され、何万もの兵隊が集結している。ロシア国民にとって何の利益もないのだ。ロシアの労働者と農民には戦争は新たな悲劇、人命の損失、家族の破壊、新たな苦難と税金を約束するだけである」

と述べている。

一方、ロシアと密接な関係にあったフランスの世論は日本を敵視していた。また、黄禍論を唱えていたドイツのヴィルヘルム二世はロシアのニコライ一世と従兄弟でもあったが、ロシアが極東に勢力を伸ばしていくのは、ヨーロッパにおけるロシアの脅威を減らすことができるのでロシアを支持していた。

日本には中国、朝鮮、ベトナム、インドなど多くの国から留学生が来ていた。彼らは明治維新や日本の近代化を学び、日本人が如何にして強力な西欧列強に伍して、黄色人種として肩を並べるに至ったのか探ろうとしたのである。「日本に行き、日本に学べ」と送り出された各国の留学生で東京は溢れていた。そして日本人は彼ら留学生を親身になって世話をしたのである。

一八九九年（明治三二）、友三郎は海軍大佐となり、海軍軍務局軍事課長に就任した。軍事課長は将来の次官、大臣ポストだった。友三郎の脳裏にはやはり順調過ぎるともいえる自身の昇進に比べて、藩閥の見えざる壁に無念の涙を呑んで職を辞した兄、種之助の姿が去来したことであろう。

一九〇二年（明治三五）、友三郎が常備艦隊参謀長に任命されると、時を同じくして日英同盟が成立した。

日清戦争後、帝国主義列強の世界政策は極東に向けられ、瀕死の獅子中国の蚕食は進んでいった。

最も露骨だったのはロシアで、同盟国のフランスとロシアの野心を極東に釘付けにしておきたいドイツ共々、ロシアの進出を扇動したので、清に多くの租借地を持つイギリスは、それらの権益がロシアに侵されることを恐れて苦境に陥り、「光栄ある孤立」という政策を放棄して日本と同盟を締結した。政府内に異論はあったものの、その頃の超大国イギリスと手を組んだことで、日露開戦の準備は整ったのである。

日英同盟は日本に大きく寄与した。

そもそもイギリス海軍は日本海軍の師であり、日本海軍の艦艇の多くはイギリスで造られた。友三郎は造兵監督官としてイギリスに出張している。イギリスは同盟国として好意的であり、国内世論も日本贔屓一辺倒であったし、アメリカ同様に日本公債を引き受けてくれたのである。

バルチック艦隊がイギリスの漁船を日本の軍艦と誤って攻撃した事件もあり、イギリスの軍艦はバルチック艦隊に様々な嫌がらせをした。またイギリスはバルチック艦隊のスエズ運河使用を妨害し、航路上の植民地などにおいて、燃料の供給などを阻害した。各国には圧力をかけて、バルチック艦隊に立ちはだかったのである。

そのためバルチック艦隊の航海は非常に厳しいものとなり、至る所でトラブルが発生した。もともと航行速度の違う寄せ集めの艦隊である上に、艦艇の整備不良で速度は落ち、極東到着ははなはだしく遅れた。

しかしながら日本国内では、ロシア皇帝ニコライ二世が満を持して送り出したバルチック艦隊のリバウ出港以降、正に国難来ると、朝野をあげて、戦々恐々としてその襲来を待ったのであるが、シンガポール沖合を航行中のバルチック艦隊の写真を新聞紙上で見た人々はモウモウたる黒煙を吐いて、天を圧するがごとく屹立する巨大な艦影と、波濤逆巻く大海をものともせず水平線を切り裂いて長蛇の列をなして続く大艦隊は、日本人の心胆を寒からしめたのである。

第三章

日露戦争が変えた世界

ロシアの敗北

私たちの不安は終わりを告げた。当たり前のこと、まったく予期されていたことが起こったのだ。ロジェストウェンスキーは敗北したが、その仕方があまりにも馬鹿げていて、完膚ないものであり、卑屈でさえあったので、私たちは細部にわたる説明なしに、最初にあからさまな事実を知って納得した。説明があったって、どうなるものでもない！

東郷海軍大将の電文だけで充分だ。

「敵の第二、第三艦隊の主力は、ほとんど完全に壊滅しました。ご安心下さいますように！」

「ご安心下さいますように！」か。何と完璧な、含みのある、決定的な表現だろう！日本の海軍大将は大したものだ。これ以上、天皇と国民に対する説得力のあるメッセージは他にあり得ない！

（『日露戦争下の日本　ロシア軍人捕虜の妻の日記』）

バルチック艦隊壊滅の報を受けたソフィア・フォン・タイル夫人の一九〇五年（明治三八）五月三〇日の日記である。六月二日の日記ではさらに続けている。

どうしてこんな事態に至ったかは、もう問題ではない。前々から言われている通りの準備の悪さ、段取りのまずさ、不適合性やら能力不足に起因していることは、私たちにはあまりにも良く分かっているからだ。ロジェストウェンスキーは、おもちゃの艦隊を持った幼児のようなもので、東郷の仕かけた罠に自分から進んで陥った。そして日本海軍に昼間は思うままに砲撃させて、夜は水雷攻撃のさせ放題、その結果、大破し四散したロシア艦隊のかけらを日本海軍に集めさせ、その残骸を佐世保まで連行させたという次第なのだ。ヨーロッパにおけるスペイン無敵艦隊の滅亡、今回の海戦とまったく同じ海域で成吉思汗《ジンギスカン》艦隊の滅亡以来、こんな一方的な海上の敗戦は例を見ない。勝利は初めからすべて日本側にあった。

（『日露戦争下の日本　ロシア軍人捕虜の妻の日記』）

旅順のロシア軍は同年の一月一日に降伏したが、遡って、一月五日の日記では旅順港陥落についてこう記している。

事実はこうなのだ。日本軍が猛烈になだれ込んで防備を打ち破り、指揮をとっていた司令官や参謀部の将軍たちを捕虜にしたわけではなく、ステッセル個人がロシア皇帝とロシアの国土を敵に売り、要塞を明け渡したのだ。（中略）ステッセルが使者の将校を日本軍へ派遣したのだ。その翌日に、ステッセルはその幕僚とともに、日本の総司令部へ馬で赴き、恥ずべき降伏文書に署名したという。ステッセルを背後から射撃もしないで、いったい誰々がステッセルとともに馬で行ったのか。

（『日露戦争下の日本　ロシア軍人捕虜の妻の日記』）

ロシア人にとっては、一年分以上の食料と衣類、銃や軍需品が用意されていて、五万人以上の将兵がいて、どうして降伏したのかという大きな疑問が残ったのである。

レーニンは旅順陥落を「現代史上のもっとも大きな事件の一つである」とまで言っている。旅順陥落直後にロシアの主要工場、造船所、海軍工廠で大規模なストライキが発生した。サンクトペテルブルグでは「血の日曜日」の惨事が起こり、革命の波が全国に広がった。さらに黒海艦隊の最新鋭戦艦「ポチョムキン」で水兵の反乱が起こり、赤旗を掲げて、オデーサに航行した。

この反乱は皇帝から市民まで、ロシア全土に大きな衝撃を与えると同時に、革命が一挙に全土に広まったのである。

友三郎は第二艦隊参謀長として、旗艦「出雲」で日露開戦を迎えた。ウラジオストックにいた装甲巡洋艦三隻を始めとする艦隊は日本海、太平洋で通商破壊戦を行った。日本は上村彦之丞第二艦隊司令長官がこれの撃退に当ったが、陸軍将兵を乗せた輸送船が相次いで撃沈され、多くの生命が奪われたので、上村第二艦隊に対する怨嗟の声がわき起こり、上村や友三郎の自宅は投石され、友三郎の妻、喜代子は白装束をまとい、幾夜も過ごした。戦争終了後、友三郎が自宅に帰ると、娘の喜美子は「お父さま、恐かったのよ」と言って、彼にしがみついた。しかし、ついに蔚山沖海戦で上村艦隊は恨み重なるウラジオストック艦隊と激戦し「リューリク」を撃沈し、海に投げ出された大多数の将兵を救ったのである。この海戦の後、評判の悪かった上村艦隊は敵兵の救助活動を称賛され、友三郎の留守宅でも、妻の喜代子と娘の喜美子は安んじて過ごすことができた。ロシアの東洋における海軍勢力はその頃までに全滅させられていたので、日本海は日本が制海権を握り、友三郎は連合艦隊の参謀長としてバルチック艦隊を迎え、これを撃滅した。

友三郎は日本海海戦の功を全く誇りもせず、語ろうともしなかった。

東郷連合艦隊司令長官も後にイギリスを訪問した折、その寡黙さで新聞記者泣かせであったが、友三郎はお祝いに自宅を訪れた人に、「何の用ですか」と無愛想に応じる素っ気なさであった。

ヨーロッパ諸国への影響

ヨーロッパのロシア近隣諸国は常にロシアの脅威にさらされてきた。為政者、権力者が誰に代わろうと、皇帝だろうと大統領だろうとロシアは人を惑わすうそで塗り固めた独特の理屈を振りかざして、貪欲に領土を広げてきた。一旦獲得した領土は絶対に手放さないという主義だから、周りの国はたまったものではない。

フィンランドは長い間、スウェーデン王国と帝政ロシアに支配されてきた。一八〇九年にロシアの支配下に置かれ、ロシア化政策が進められると、フィンランド人の反発を招いた。日露戦争が始まると、フィンランド人はロシアの敗北を願い、日本の勝利が伝わる度に独立への思いが加速した。ロシア敗北後はロシア革命により独立を果たすのである。フィンランドでは「日本はフィンランドの独立を助けた。大国に隣接する小国は常に悲哀を味わっているが、日本だけは違う」として「日本人は素晴らしい民族だ」と思っている人は多い。一九四一年、独ソ戦が始まったが、対ソ戦を巧妙に展開したフィンランド独立の英雄マンネルヘイム将軍に日本政府は勲一等旭日桐花大綬章を贈っている。

ポーランドは一七七二年以降、プロイセン、オーストリアとロシアに分割され、一八九六年にはすべての国土を失ってしまった。日露戦争が始まると結果如何により、ロシアの軛から逃れられるのではないかと期待した。しかしながら、ポーランド国内は親ロシア派と反ロシア派に分裂していた。ポーランド社会党のユーゼフ・ピウスツキは積極的に日本に接近し、日本の援助で武装蜂起し、独立しようとしたが、これは果たせなかった。ロシア支配下でポーランド語を話すこともできず、婚姻の自由もなく、土地所有権もなく、がんじがらめに抑圧されていたのである。

オーストリア公使牧野伸顕はポーランドの伯爵から招待されて遊びに行った折、村長が同胞を代表して天皇陛下にお礼を言いに来たり、人々が日本の連戦連勝で自由になったとお礼に来たりで大変な歓迎を受けた。ポーランド人は日本がロシアを敗かしたことに欣喜雀躍した。

その頃のオーストリアはボヘミア王国、ハンガリー王国、ポーランド王国（一部）を支配していた。日露戦争に対する感情は各民族で異なっていたが、ポーランドやハンガリー系の国民は長年にわたるロシアの侵略、非道を憎み、日本の勝利を願っていた。義勇兵、医師、看護婦などの申し込みもあったのである。ハンガリー動乱でアメリカに亡命し、後に来日したデュナイ・イシュトワン氏は近所に住む農民のコバチ・ノギ氏が「憎むべきロシアをやっつけてくれた東方の兄なる日本、すばらしい国、日本がある」と常々言い、手紙を託されて、文藝春秋の一九六三年二月号に「日本への恋文《ラヴレター》」という記事をのせている。

「日の出ル国、大日本ノ紳士淑女へ……」（中略）「私ハ、アナタ方ノ弟、ハンガリーの一農夫デアリマス」（中略）「永イ永イ間、私ハ兄ナル日本へ憧レテマイリマシタ。日本ニ関スル本ハ全部読ミマシタ。日本ニツイテ知ッテイル人ガアルトキケバ、ドンナ遠クへモ出掛ケテイッテ熱心ニ耳ヲ傾ケマシタ。未ダ見ヌ憧レノ日本ヨ、私ノ胸ニ燃エル貧シイ言葉ヲドウカオ許シ下サイ。恐ラク私ハ一生アナタニオ目ニカカル事ハ出来ナイデショウ。併シ、私ハ心眼ヲ以テアナタノ孤高ナル姿ヲ見ルコトガデキマス。

ソレハ、サナガラ水晶ノ器ニ純潔ナママ保存サレタ自然ノミニアチュールデアリマス。イカナル夷狄モ、アナタノ神聖ナ領土ヲ犯スコトハ不可能デシタ。ソレニヒキカエ我々ハ、西方異種族の中ニ唯一人、一日トシテ安ンジルコトハアリマセンデシタ。

第二次世界大戦デ我々ハ二十万人ノ生命ヲ失イ、十五万人ガ西欧へ亡命シ、幾千人ガシベリアヘ連レ去ラレタノデス。共産治下デハ一万人ヲ越エル人々ガ絞首台ヘ追イ立テラレマシタ。我々ハ亡ビツツアリマス。雨ニモ風ニモ怯エナガラ、私ハ、併シ、待ッテイマシタ。血ヲ分ケタ同胞ノ日本ガ孤独ナ西方ノ弟ヲ思イ出シテ下サル日ヲ、我々ノ苦シミヲ必ズ理解シテ下サル日ヲ……永クトモ私ハ待ッテオリマス」

ハンガリーでは日本と全く同じで、姓が先で名前が後になる。ノギなる名前の由来については「この名をワシの名付親は日本の乃木将軍から拝領したんじゃ」と得意気に語った。ハンガリーがロシアに抱いていた憎悪は汎スラブ主義への対立、オーストリア独立戦争へのロシアの武力介入など恨み骨髄に徹している。

スウェーデンではフランス革命、ナポレオン戦争に際して、国王グスタフ四世は革命思想に対する憎しみから、反フランスの立場をとり、ナポレオンの意を受けたロシア皇帝に攻撃され、フィンランドを永久に失った。

このため、ロシアに対して激しい恨みを持ち、日本の勝利を願っていた。

アラブ諸国への影響

ロシアと国境を接している国はどの国も大なり小なり酷い目に遭って、ロシアを良き隣人と思っている国は一国たりともない。

トルコもロシアと国境を接していた国の一つであるが、二度のトルコ・エジプト戦争へのロシアの介入、ロシアとのクリミア戦争、トルコ・ロシア戦争などでロシアに敗れたものの、列強諸国の支援でロシアの南下政策を妨げている。そのため、ロシアへの恐怖、憎悪は他国の比ではなく、根深いものであった。

アジア大陸の東と西にある日本とトルコであるが、近代の初頭に西欧化して、近代的国家建設を行った点ではよく似ている。オスマン帝国スルタン、アブドゥル・ハミト二世は明治維新後、急速に西欧化した非西洋、非キリスト教の国、日本を絶賛し、一八八九年（明治二二）、日本との友好親善のため、軍艦「エルトゥールル号」を派遣した。六〇〇名以上の将校、乗組員は三か月にわたり、熱烈な歓迎を受けたのであるが、不幸にして、帰途紀州沖で台風により遭難、沈没してしまった。この時、和歌山県大島村民の決死的な救助により、六九名が助けられ、軍艦「比叡」「金剛」の二艦により、首都コンスタンチノープルまで送り届けられ、トルコ、日本間の堅い絆が生まれたのである。

日露戦争の日本の勝利はトルコ人を驚愕させた。積年の恨みが日本によって晴らされたのである。「エルトゥールル号」遭難事件の義援金を携えてオスマン帝国に渡り、その後日本・トルコ間の交流の礎を築いた第一の功労者である山田寅次郎は日露戦争のトルコでの動静を次のように伝えている。

「日露戦争が始まるや、トルコの上下の我に対する情誼は実に誠欵敦厚を極め、皇帝陛下は直ちに少将ペルテヴ・パシャを派遣して日本軍に従軍させ、日々その報告を上奏させた。国民は我が赤十字社や新聞社などに寄付金を送り、戦没負傷者などを慰問する人が陸続として現れた。私は日清戦争、北清事変、日露戦争を通じてトルコにいたが、新聞紙上その他で我が国の武勇義侠が二つながら他国に卓絶していると驚嘆し、オスマン帝国の祖先も同じアジア人であるので、日本人を敬慕する感情は深く、上は帝室より下は一般人民に至るまで、我を歓待すること他に比すべきなし」

イスラム社会のカリフ（盟主）であり、パン・イスラミズム主義者の皇帝は布教のため、アブドル・レシット・イブラヒムを日本に送った。彼は来日して講演した。

「日本の生死は東洋全体の生死です。日本の進歩と発展とは全東洋世界の願望であり、今日、東洋人はみなその生存を日本人の生存と一体のものと考えています。ですからわが同胞たる日本人の方々がヨーロッパ人にも及ばない進歩と発展の極みに到達されることを私自身はもとより、すべてのイスラムを代表して請い願う次第であります」

また、彼の旅行記を読んだ詩人のメフメト・アーキフは次のような詩を詠んでいる。

日本人とはいかなる民族か、尋ねてみるがいい。驚きのあまり、
　私には彼らを十分描ききることなどできはしない。
ただこれだけは申し上げよう——そこにあるのは明白なる（イスラムの）教え。

寛大なる魂が行きわたり、ただその形が仏陀になっただけのこと。
出かけてゆき、イスラムの純粋さを日本人に見るがいい。
かの背丈小さき、偉大なる民族に属する人々を、今日こそは。
（『日本人の中東発見　逆遠近法のなかの比較文化史』）

また、日露戦争後、人名、店名などに乃木や東郷の名前をつけた者が多かったのである。

その頃、エジプトはイギリスの統治下に置かれていた。明治維新をなしとげ、急速に近代化し、西洋列強に比肩しようという国力を発揮しつつある日本は、同じ東洋人として希望の象徴であり、自らの独立への期待を抱かせる国であった。日露戦争が始まると、彼らはロシアの敗北のニュースを聞くたびに大いに喜んだ。「エジプト人のためのエジプト」を目指した独立運動の指導者ムスタファー・カーミルは『昇る太陽』という日本についての本を書き、国内に大きな影響を与えた。「昇る太陽」とは文字通り「日出る国」日本に対して用いられた言葉で、新興国家・日本に対するあこがれもあって書かれたものであろう。日本の近代化はアラブの国々にとっても、大きな教訓を与えてくれると信じて次のように述べている。

墓場から甦って大砲と爆弾の音を響かせ、陸に海に軍隊を動かし、政治上の要求を掲げ、自らも世界も不敗を信じていた国（中国）を打ち破り、人々の心を呆然自失させて、ほとんど信じ難いまでの勝利を収め、生きとしいけるものに衝撃を与えることとなったこの民族とは一体何者なのか。彼らはいかにしてわずかの年月にこのような高みに達し、ある部分では西洋と肩を並べ、ある部分では西洋を追い越すまでになったのか。また夜を徹してこの民族のために力を尽くし、刻苦精励してその地位を高め、「わが国は、他国がいまだかつて獲得したことのないものを最も短期間に獲得せねばならぬ」と言ってのけた、かの偉大な人物（天皇）とは何者なのか。いかにして歳月は彼の呼び声に応え、時代は彼の意志に従い、世界はかくも高揚した力を、つまり七つの海とあまたの国々とを震撼させずにはおかぬ一大勢力、全世界を照らし出す昇る太陽を、目のあたりにすることになったのか。今や誰もが驚きと讃嘆の念をもって、この民族についての問いかけを口にしているのである。

（『日本人の中東発見　逆遠近法のなかの比較文化史』）

エジプトやレバノンの教科書には「日本の乙女」という詩が掲載されて、愛唱されていた。これはナイルの詩人といわれたハーフィズ・イブラヒムが創ったもので、日露戦争の頃に創られ、今日でも広く親しまれているが、要約すると次のようになる。

砲火飛び散る戦いの最中にて、傷つきし兵士たちを看護せんと
うら若き日本の乙女、立ち働けり。牡鹿にも似て美しき汝なれ、危うきかな！
戦の庭に死の影満てるを、われは日本の乙女、銃もて戦う能わずも、
身を挺して傷病兵に尽くすはわが務め、ミカドは祖国の勝利のため、
死をさえ教え賜りき。ミカドによりて祖国は大国となり、
西の国々も目をみはりたり。
わが民こぞりて力を合わせ、世界の雄国たらんと力尽くすなり。

（『日露戦争が変えた世界史「サムライ」日本の一世紀』）

この詩は天皇に忠誠を尽くす国民の愛国心が日本を近代国家にしたとして、エジプトやアラブ人も日本を模範としていこうと呼びかけているのである。日露戦争はイランなどにも影響を与えた。

イランの詩人ホセイン・アリー・タージェル・シーラーズィーは『ミカド・ナーメ』（天皇の書）を叙情詩の形で発表した。明治維新から国家の近代化、清国との戦争、ロシアの東洋進出、旅順要塞の建設、黄海海戦、日本海海戦、日露講和にかけて語りついでいる。

東方からまた何という太陽が昇ってくるのだろう。
眠っていた人間は誰もがその場から跳ね起きる。
文明の夜明けが日本から拡がったとき、
この昇る太陽で全世界が明るく照らし出された。
無知の夜は我々から裾をからげて立ち去り、
叡智の光によって新しき日は始まったのだ。

日本が我らの先駆者となった以上、
我らにも知恵と文化の恩恵がやってこよう。
どんな事柄であれ我らが日本の足跡を辿るなら、
この地上から悲しみの汚点を消し去ることができるだろう。
（『日本人の中東発見　逆遠近法のなかの比較文化史』）

この一節から日本の近代化と日露戦争の勝利がいかにイラン、その他の国々の人々に強い影響を与えたかが理解できる。

同時に、新興日本の立憲君主制と中世からつながるロシアの専制君主制を比較して、日本を模範として国造りを進めれば、必ずや理想の国家ができるであろうと展望している。

近世に入り、イスラム教国は西欧キリスト教国の抑圧を受け始めると、パン・イスラム主義がユーラシア大陸に広がった。イスラム教徒が団結し、西欧の列強に対抗しようというもので、トルコ皇帝を盟主（カリフ）とし、エジプト国王を副カリフとするものであった。ちょうどこの時期に日本が日露戦争に勝ったので、日本をイスラム化し、天皇を盟主としてイスラム世界を強力なものとして、西欧キリスト教国と対抗しようとしたのである。

日露戦争は遠くアフリカにも影響を及ぼしていた。長年にわたり獄中でアパルトヘイトと戦った南アフリカのネルソン・マンデラ首相は「日露戦争に勝利し、大東亜戦争を戦い、敗戦後、不死鳥のように復興し、世界最高の工業力を持ち、世界中の国を援助している日本に行き、天皇陛下にぜひお会いしたいものだ」と常々語っていた、と言われている。

アジア諸国への影響

孫文はイギリスから国外に追放され、スエズ運河を通った時は日本海海戦の直後であったが、その時のエジプト人の快哉を叫ぶ様を一九二四年一一月二八日に行った「亜細亜問題」と題する演説の中で語っている。

まもなく私はヨーロッパから船でアジアへ帰りましたが、スエズ運河を通過した時、多くの現地人が私に会いに来て、その現地人たちはおそらくアラブ人でしょうが、私が黄色人種であるのを見ると、彼らは喜びを表して、慌しく私に「あなたは日本人ですか」と尋ねました。私が答えて、「違います。私は中国人です。あなたたちは何があったのです。なぜそんなに喜んでいるのですか」と言うと、彼らは「今しがた最高の知らせが届きました。ロシアが新たにヨーロッパから派遣した海軍を、日本が全滅させたと聞いたのですが、この知らせが確かかどうかわかりません。しかも、私たちは運河の両側に住んでいて、いつもロシアの負傷兵が一艘また一艘と、ヨーロッパへ送り返されるのを見ていますが、これはきっとロシアが大敗北を喫している状況なのでしょう。これまで我々東方の有色民族は、いつも西方民族に圧迫され、いつも苦痛を嘗めており、苦難を逃れられる時は来ないのだと思ってきました。今回、日本がロシアを打ち負かしたことを、私たちは東方民族が西方民族を打ち負かしたのだと考えるのです。日本人の戦勝を、私たちは自分の戦勝と同じだと考えます。これは狂喜して当然のことですから、私たちはこれほど喜んでいるのです」と答えました。

(『孫文革命文集』)

また、孫文は日本の勝利をアジア人は喜び、大きな希望を持つだろうと書いているが、日本の勝利は中国だけでなく、ベトナム、インド、ビルマなどに大きな影響を与えた。

ヨーロッパの新思潮にふれ、民族的な危機感を持った学者であり、政治家の康有為《こうゆうい》は日清戦争の日本の勝利は明治維新からの日本の改革によるものであるとして、清朝政府も日本を見倣うべきであると主張していたが、古色蒼然とした西大后が権力を握ると、こういう考えは葬られてしまった。しかし義和団事件を経て、日本への留学生は増え続け、日露戦争の翌年には留学生数は最多となった。このように日本留学を経験した青年達は孫文の革命を支えたのである。

孫文は友三郎の生まれた五年後に誕生し、友三郎の亡くなった二年後に没している。二人の接点はないけれども、正に同時代を生きている。友三郎が海軍一筋に生きているのと比べると、孫文の一生は革命とその失敗の明け暮れであるが、それには明治維新と日清戦争での中国の敗北と日露戦争での日本の勝利が大きく影響している。

明治維新は中国の革命の先駆けであり、日本は中国の革命の後方支援基地でもあった。

孫文が革命運動を始めたのは日清戦争の敗北からで、この敗戦により、明治維新に学ぼうという気運が高まったが、康有為が目指したものが清朝内部の変革というものであるのに対して、孫文の考えは清朝の打倒であった。孫文は明治維新に倣って中国を変革しようとした。徳川幕府は清朝であり、攘夷から倒幕へと走る雄藩は自分達、改革派であった。

孫文と日本との結びつきは長く、革命運動に日本の援助を期待したが、欧米列強の中国侵略に日本が割り込むような形になり、孫文は深い幻滅を味わった。西洋の武力で他者を圧迫する文化を「覇道」と言い、東洋の仁義・道徳による、他者を圧迫するのではなく、徳を慕わせる文化を「王道」と言い、日本に「王道」につくことを求めたのである。

日露戦争の日本の勝利はベトナムにも大きな影響を与えた。フランスの圧政に苦しんでいたベトナム人は日本の明治維新や近代化に学び、独立への期待を持ったのである。民族主義者潘佩珠《ファンボイチャウ》は「日露大戦の報長夜の夢を破る　党を代表して国を脱し日本に使いす」と題して回想録を書いている。

この時に当って東風一陣、人をしてきわめて爽快の想いあらしめた一事件が起こりました。それは他でもない、旅順・遼東の砲声がたちまち海波を逐《お》うて、私達の耳にも響いて来たことでありました。日露戦役は実に私達の頭脳に、一新世界を開かしめたものということが出来ます。わが国民はフランス侵略以前には、ただ中華（支那）

あるを知って居ったのみでありましたが、フランス禍以後はまたただフランス一国あるを知るのみで、世界の変遷、風潮の推移如何のごときは、わが国民の夢想だもなさなかったところで、私達積年の奔走も、身命を一擲しようという痛憤復仇の天性に駆られて居ったばかりで、独立の具体的計画のごときは、なお五里霧中にあったのでした。後に国を捨てて、海外に出で、頭脳はじめて一変した訳ですが、それもまた日露戦役の余波が影響したものといわざるを得ません。

（『ヴェトナム亡国史 他』）

日露戦争の日本の勝利をきっかけにベトナムの独立運動は高揚し、多くの留学生が日本に来て、日本がわずかの年月で近代化をとげ、西欧列強に伍するまでになったかを学んだ。

インドでは日露戦争が始まると、兵士、医師、看護婦として日本軍に従軍したいという者や武器、弾薬、食料などを提供したいという人が陸続として現れた。日本の勝利が伝わるたびに、国中の人が興奮し、喜んだ。旅順陥落のニュースが伝わると、町にはイルミネーションが飾られた。アジア民族・黄色人種の日本人が西洋民族・白色人種との戦いに連戦連勝する姿に我が事のように喜び、イギリスを駆逐するインドの将来を夢見たのである。後に首相となったネルーは「私は日本の勝利のニュースがあると興奮したものだった。日本の勝利は私を興奮させ、私は毎日の新聞を待っていた。そして、私は日本を知るために日本に関する多くの本を読んだ」と若かりし日を回想している。

筆者は小学生の頃、ネルー首相が広島に来られた時、その姿を見たことがある。今のNHK放送会館の前で待っていると、平和大通りを茶色の服と帽子を被った首相が茶色のオープンカーに乗ってやって来られた。長身で目鼻立ちのくっきりとした端正で威厳のある堂々とした風貌は子供心によほど強烈な印象を刻み付けたらしく、今でも何かの折に、我々小学生に向かって笑顔で手を振っている姿が周りの情景と共に映画の一場面を切り取ったかのように浮かんでくるのである。

話を戻す。

インドの新聞紙上では、日本の勝利はヒロイズムと愛国心にあると分析し、

「日本が西欧との闘争に勝利したことを誇りに思う。我々は勇気と規律、鉄のような意志、不屈の力によって勝利を収めた日本に心からの祝意を送る。日本だけがアジアの名誉を救った」

「イギリスへの従属や永遠の保護は不要である。我々も日本人と同じように訓練を受ければ、米を主食とし、人口が三億もある我々にできないはずがない。日本が戦争に勝てば、西洋諸国やキリスト教をアジアから追放し、回教徒のトルコや仏教徒のインドを救ってくれる」

「日本がロシアを撃った時、インド人はみんな喜んだ。すべてのインド人、下流から上流まで、男も女も、老人も子供も、みんな日本の勝利を誇り、これに満足したことはあたかもインド人もこの戦いに参加しているように見えた。彼らは同じアジア人として、アジア人の光栄ある勝利を喜ぶ権利ありと考えたからである。日本はアジアの盟主として、すべてのアジア人を率いて毅然として立たなくてはならない」

「日露戦争の日本の勝利は西欧に対する幻想を解消した。インドのようなおとなしい

羊でも虎に変身できる。我々は羊が虎になれないという過ちに気が付いた。日本の勝利がインドを覚醒し、イギリスと対等という前向きの思想に目覚めさせた」

等々と書かれている。

また、ビルマの初代首相バー・モウは「最初のアジアの目覚めは日本のロシアに対する勝利に始まり、この勝利がアジア人の意識の底流に与えた影響は決して消えることはなかった。日本が西欧勢力に対抗する新勢力として台頭したことは日本のアジア諸国への影響をますます深めていった。それはすべての虐げられた民衆に新しい夢を与えられる、歴史的な夜明けだったのである。私は今でも日露戦争と日本が勝利を得たことを聞いた時の感動を思い出すことができる。私は当時、小学校に通う幼い少年に過ぎなかったが、その頃流行した戦争ごっこで、日本側になろうとして争ったりしたものだ。こんなことは日本が勝つまでは想像もできぬことだった。ビルマ人はイギリスの統治下に入って初めて、アジアの一国民の偉大さについて聞いたのである。それは我々に新しい誇りを与えてくれた。歴史的に見れば、日本の勝利はアジアの目覚めの発端、またはその発端の出発点とも呼べるものであった」と回想している。

日本では

日本海海戦の二か月前、一九〇五年（明治三八）三月、奉天会戦があり、日本軍二五万とロシア軍三二万が日露戦争最大の陸戦を展開した。日本軍は奉天を占領し、ロシア軍は後退したが日本軍は兵力、弾薬も不足し、ロシア軍を追うこともできず戦線は膠着した。戦線が北へ延びれば延びるほど、ロシアは有利となり、バルチック艦隊の極東到着を待って反攻しようというロシアの伝統的作戦に陥りかけていた日本軍はバルチック艦隊を潰滅したものの、もはや戦争を継続するのは困難な状況になっており、アメリカ大統領セオドア・ルーズベルトに講和の仲介を依頼した。

反政府勢力の台頭で国内情勢が不穏となり、革命勢力の伸長に手を焼いていたニコライ二世はフランス・ドイツの勧めもあり、講和に踏み切ったが強硬姿勢を崩さず、一銭の賠償金も一ミリの領土も渡さないという傲然たる態度であった。

強硬姿勢のロシアを相手に交渉は難航したが、何としても会議決裂を避けたい日本は賠償金の要求を放棄して、樺太南半分の割譲で合意せざるを得なかった。

開戦前の当初計画戦費は四・五億円で実行戦費はおおまかに一九億円であった。そのうち一二億円は米英などへの日本公債で賄った。旅順陥落、奉天会戦の勝利以降、日本公債の人気は高まり、それ以前の倍額の発行が可能となり、第二回までの利率が六・〇%、償還期限七年だったものが、第三回以降は利率四・五%償還期限二〇年となった。それでも公債の売り出しは作戦がうまくいった時に合わせるなどしたのである。

外国向公債以外は内国債と増税で正に借金まみれの哀れな勝利であったが、莫大な犠牲を負わされ、且つ連戦連勝と思っていた国民は激怒し、怒れる群衆が暴徒と化し、日比谷焼打事件を始めとして、騒乱は全国に波及した。

国民は日露戦争の実相を知らなかったし、世界一といわれる強大なロシア陸軍が温存されているという現実に対しても認識不足であり、かたや陸軍はロシアの報復を恐れて、戦々恐々としていた。

第四章

第一次世界大戦勃発

大戦と友三郎

日露戦争の終った翌年から、友三郎は斎藤実海軍大臣の下で四年間海軍次官を務めた後、呉鎮守府司令長官、第一艦隊司令長官を歴任した。その間、長女喜美子は海軍大尉船越隆義と結婚している。

ヨーロッパの火薬庫バルカン半島で第一次世界大戦が勃発したのは一九一四年（大正三）であり、時に友三郎は五四歳であった。

ヨーロッパでは第二次世界大戦より第一次世界大戦の方を大きな戦争と言う。大量殺戮兵器の開発により長期化・泥沼化した戦争は女性や植民地の住人を含めた国民全体の協力体制を必要とする総力戦となった。戦車、航空機、機関銃、毒ガスなどが登場し、戦い方が大きく変わったのである。特に機関銃の出現は歩兵の突撃を困難にし、双方が塹壕を掘ってにらみ合う膠着状態となり犠牲者の数も飛躍的に増えた。劣悪で、不衛生な環境からはスペイン風邪が起こり、世界で三〇〇〇万人が死亡した。

イギリスでは初めて徴兵制度が導入された。陸軍省にあった秘密情報部も各国で暗躍したが、後に「MI6」と呼ばれる諜報機関は「007シリーズ」で有名となった。

世界に冠たる大英帝国も疲れ果てたる折、ドイツ海軍による無制限潜水艦作戦により、アメリカが参戦し、ドイツ軍の降伏で戦争は終ったのである。史上初の世界大戦は戦争当事国を消耗させた。ヨーロッパの国々の人々は皆、心に大きな傷を負った。

日本は心に傷を負わなかった例外国であり、労せずして、ドイツから青島や南洋諸島を奪い取ったのである。

大陸の権益を拡大しようとする日本にとって、欧州における史上初の大戦は地の利を得た漁夫の利であった。イギリスの勧めもあって、日本政府はドイツに参戦した。

友三郎率いる第一艦隊は開戦直後から青島攻略に当たった。日本海軍はイギリスの要請により、南洋諸島などに派遣され、ドイツ東洋艦隊の捜索に当たると共に、ドイツ領南洋諸島を占領した。

また、豪州航路、北米航路の保護にも当たった。ドイツ敗戦後は日本が南洋諸島を国際連盟より委任されて、第二次世界大戦まで統治するのである。

一九一四年（大正三）末、シーメンス事件が起きる。ドイツのシーメンス社と海軍省幹部との贈賄事件である。シーメンス事件発生時、内閣総理大臣は山本権兵衛であったが、辞職、退役した。この時、友三郎は第一艦隊司令長官として、旗艦「金剛」に乗っていた。山本権兵衛とは五歳年下の友三郎は兵学寮、海軍兵学校を通して一緒であることはなかったが、海軍省勤務時代、山本権兵衛の下で予算、人事を担当した。友三郎が軍政を学び、後に海軍中枢への道を歩む基礎は山本権兵衛のおかげとも言えるのであるが、海上にあって、中央の政界から離れていたことが幸いした。

大隈内閣成立後、一九一五年（大正四）に友三郎は海軍大臣に就任したが、藩閥による弊害はまだ残っていた。第二次長州征伐の時、友三郎は六歳であったから、武装して芸州口（岩国）に向かう浅野藩の人々を見ていたであろうし、広島市内に幕府軍がいたことも覚えていたであろう。兄、種之介は長州征伐に参加していたが、浅野藩は鳥羽伏見の戦い以降は薩長方についたため、官軍に加わって、江戸、東北方面を転戦している。

山県有朋は長州藩の下級藩士の家に生まれたが、騎兵隊の軍監となり、第二次長州征伐では幕軍と戦った。維新後は徴兵令など新兵制を確立した。西郷隆盛下野後は陸軍の最高指導者となり、陸軍大臣、内閣総理大臣を歴任したが、伊藤博文の遭難後は最高の権力者となった。大正時代に入ると、大正デモクラシーの高揚で藩閥の弊害に対する批判は厳しくなったが、山県有朋の維新時に敵対した藩を憎むことは尋常ではなかった。

海軍大臣になった友三郎は改めて兄、種之介の無念を想ったことであろう。友三郎は潔癖なほど後進には分け隔てなく公平に、能力のある者にはそれなりの処遇をしてきた。決して情実による待遇はせず、そのことにより地元広島からは冷たい男だと思われているようであった。しかし友三郎のその冷淡さ、無愛想と見えたものは父親代わりとして自分を育て、教導し、強い影響を与えた兄、種之介の前途を閉ざした「見えざる壁」―「藩閥」に対する怒りの表れであった。

山県有朋は友三郎が没する一年前に亡くなったが、藩閥の衰退はその死を待たなければならなかったのである。

日本海軍　地中海へ

第一次世界大戦が始まり、紆余曲折を経て、日本はドイツに宣戦布告した。イギリスは日英同盟の建前から日本に様々な要請を行ってきた。青島に常駐していたドイツ東洋艦隊が行方不明になり、その捜索をするため、友三郎の率いる第一艦隊などがドイツ領南洋諸島に展開した。オーストラリア軍の輸送の安全のための艦隊も派遣した。その結果、南洋のドイツ領は日本のものとなったのである。しかし、依然としてドイツ東洋艦隊は不明なため、アメリカ西海岸、パナマ方面の捜索にも当った。ドイツ海軍は各地で目覚ましい活躍をしたが、衆寡敵せず、ついに太平洋から駆逐されてしまった。

他方、ヨーロッパではドイツ潜水艦の通商破壊戦により、イギリス船舶の被害、損失は増大するばかりで、食料の備蓄量は減少するばかりという有様であった。さらにドイツは一九一七年（大正六）一月、戦局の膠着を打破するため、中立国の商船も攻撃対象とする無制限潜水艦作戦を宣言したので、連合国だけでなく、中立国であったアメリカを始め、各国にとっては驚天動地の出来事であった。結果的には、これがアメリカの参戦を招き、戦局は連合国優勢へと大きく動くのである。

イギリスから日本への要請の中には大戦勃発時から、地中海への艦隊派遣があった。しかし、日本政府は兵力に余裕がなく、ヨーロッパへの艦隊派遣は国民の賛同を得るのは難しいと言って拒否してきた。その後も何度か同様の要請はあったが、日本政府は断り続けてきたのである。しかし、ドイツの無制限潜水艦作戦が始まると、イギリスは再び日本に艦隊派遣を打診してきた。駐日グリーン大使は海軍大臣である友三郎を訪れ、艦隊派遣を要請した。

政府内では大隈内閣から寺内正毅内閣に代わったこともあり、連合国に協力した方がいいのではないかという意見に傾いていた。旧ドイツ領南洋諸島の領有に当たってはイギリスの支持が必要であるという計算も働いたのである。

友三郎はグリーン大使に「現在の状況を考えると何とかしてご協力したい」と一歩

踏み込んだ回答をした。それに対して、イギリスからの要請は南アフリカ、喜望峰方面に巡洋艦二隻、オーストラリアからセイロンにかけての航路に巡洋艦四隻、地中海に駆逐艦一部隊というものであった。友三郎と軍令部長の島村速雄はこれについて協議したが、日本海軍は発展しつつあるとは言え、余分な兵力はなかった。

友三郎が強力に進めてきた八八艦隊は完成しつつあった。金剛型の「金剛」「比叡」「榛名」「霧島」、扶桑型の「扶桑」「山城」、伊勢型の「伊勢」「日向」の戦艦は竣工していた。しかし、それと本国から遠く離れた正に地球の裏側に艦艇を派遣することは全く別問題であったし、太平洋を遠く離れたインド洋からさらに西に艦隊を派遣することは欧米の反発、警戒も起こるであろうと思われた。現に日英同盟の適用範囲はインド洋までだったし、さらにドイツは「欧州の戦争に他人種を迎え入れるのは欧州の自殺である。日本からの援軍を唱えるものは後日、キリスト教国家が受けるであろう日本の脅威に対して、責任を取らなければならない」と人種、宗教の違いに焦点を当てて、日本軍のヨーロッパ派兵を牽制していた。

一方で、この大戦が始まるとヨーロッパ各国の輸出が止まり、不況に喘ぐ日本にかってないほどの好景気をもたらした。欧米列強が市場としていたアジアへの輸出が急増し、造船、鉄鋼などの重工業が成長したのである。

当然のことながら、連合国側からすると、日本は何もせず、大戦景気で金を儲けている。

戦力を投入して、血と汗を流すべきだと言うのである。そういう国際情勢と連合国の圧力、南洋諸島、中国などの戦後処理問題によって、日本の採るべき道は自ずと決まってきた。

日本の立場と名誉を守るために、友三郎と島村速雄はついに地中海に艦隊を派遣するに至るのである。

地中海に赴くのは巡洋艦「明石」、第十、第十一駆逐艦で編成された第二特務艦隊であった。第二特務艦隊はイギリスの要請により、ドイツ仮装巡洋艦の捜索、航行中の船舶の臨検などを行いながら航海した。

アレクサンドリア港からはイギリス海軍司令部の要請により、輸送船の護衛も頼まれて、全艦無事にマルタ島に着いたのは一九一七年（大正六）四月一三日であった。

マルタ島は地中海の中央、ほぼ北緯三六度線にある東西約二八キロ、南北約一五キロの島である。地形は丘陵地であり、最高点は二四〇メートル、幾つかの良港を持っていて、面積は三一六平方キロメートルで典型的な地中海気候であり、夏は亜熱帯高気圧により高温乾燥、冬は偏西風によって温暖多湿である。マルタ人はギリシャ、ローマ、アラビア、トルコなどの占領を経ているので混血が多い。北方のアフリカ、東方のエーゲ海諸文化の影響で、高度な新石器文化を主とするため巨石を使った神殿や墳墓が多く見られる。

日本艦隊が泊地とした首都バレッタは灰色の城壁に囲まれ、宏荘な建築物や遺跡、彫刻が多い。石製や陶土製の彫刻が発達していて、女性像の横臥したものが多く、渦文の浮彫がされている。ヨーロッパとアフリカの間の飛石のような位置にあるため、地中海の要衝であり、近世になってナポレオンのフランス軍をイギリス艦隊が駆逐して、一八一四年イギリスに併合された。以後、マルタ島は防衛線の要として、イギリス地中海艦隊が常置されたのである。

第二特務艦隊がバレッタに錨を下した頃、ドイツ潜水艦はコンスタンチノープル（現

イスタンブール)ほか数か所を基地として、地中海全域にわたり、傍若無人ともいえる通商破壊戦を繰り広げてきた。驚くべきことに、毎日四〇〇〇トンもの船舶がドイツ潜水艦によって海の藻屑と消えていたのである。

こうした通商破壊戦は島国であるイギリスを屈服寸前までに追い込んでいった。当時Uボートは北海、大西洋、地中海で無敵と言ってもいい状況であったが、日本にはまだ潜水艦はなく、購入した排水量の小さい潜水艇とでも呼ぶようなものしかなかった。

日本艦隊の到着を待ってさっそく連合国合同会議が開かれ、日本艦隊は連合国の要求に応じて独立して兵員輸送艦船の護衛に当ることになった。

第二特務艦隊はマルタ島を根拠地としてマルセーユ(フランス)—マルタ—エジプト間航路、タラント(イタリア）―エジプト間航路、マルセーユ―サロニカ（ギリシャ）間航路、タラント―サロニカ間航路などで、ドイツ軍潜水艦と戦いながら、任務達成に邁進した。当時は、潜水艦の潜望鏡を発見して爆雷（デプス・チャージと呼んだ）攻撃する以外に方法はなかったので、見張員による潜望鏡の航跡発見が最も重要であったために、乗員は気を抜くことのできない厳しい任務が続いた。

こうした危険な苛酷な任務にも拘らず、第二特務艦隊の活躍は特筆に値するものであり、連合国からも高く評価されたが、その幾つかを記すことにする。

「トランシルバニア」号救助

マルタに到着して航海中の艦隊の傷んだ箇所を修理したり、兵器の整備をしたり、機関や砲などの手入れが一段落した後、第十一駆逐隊第二小隊「松」「榊」は英国輸送船「トランシルバニア」号を護衛してマルセーユに行き、中東戦線に送られる三〇〇〇名強の兵員をアレクサンドリア（エジプト）に運ぶ任務に就いた。一九一七年（大正六）五月三日、マルセーユを出港し、イタリアのサボナ沖にさしかかると、突然、大音響が響きわたった。潜水艦の攻撃を受けたと思われる「トランシルバニア」号は舵が利かなくなったらしく、機関も停止しているようだった。至近距離にいた「松」からは短艇が海面に下ろされ、乗員が殺到し、重なり合うようにして乗り込んでいる姿がよく見えた。「松」は「トランシルバニア」号に向かい、船尾に接舷したものの「トランシルバニア」号は傾き始め、甲板上の人々は悲鳴を上げ、我先に「松」に飛び移ろうとしたり、海に飛びこんだり、縄を伝って逃げようとしたり、阿鼻叫喚の統制が全く取れない状況になっていた。折しも、敵潜水艦が近くにいるので救助にいけない「榊」の見張員が魚雷を見つけ、回避したものの、「松」の艦首の前方を通過した魚雷は再び「トランシルバニア」号に命中したのである。

「榊」は敵潜水艦の潜望鏡を発見し、デプス・チャージによる攻撃を続け、周辺海域を捜索したが、ついに敵潜水艦を見つけることはできなかった。「松」だけに救助活動をさせるわけにいかず、波間に漂っている人や、沈みかけている短艇で助けを求めている人を懸命に救助した。被雷した「トランシルバニア」号の傾きはひどくなり、船首が沈み始め、赤錆びた船底と断末魔のように鈍く空を切るかのようなプロペラを見せながら、すべてを海中に引き込むような渦巻きの中に呑み込まれていった。「松」「榊」はサボナ港に向かい、遭難者を降ろし、再び遭難現場に向かい、再度捜索したが、生存者はなく日没となったので止むなく捜索を打ち切りサボナ港に帰投した。「トランシルバニア」号の乗員は三二〇〇名以上であったが、三〇〇〇名が収容された。このニュースは世界中に伝わり、敵潜水艦の遊弋する海域での海難救助作業は各国に賞賛された。英国下院議会では日本海軍の救助作業と生存者数が報告されると議場は日本海軍を褒め称える声と拍手に包まれたのである。

サボナはフランスとの国境に近いイタリア北西部のこぢんまりとした町であるが、「松」「榊」の乗員が町を歩けば英雄扱いであり、人々が寄って来てお礼を言ったり、握手を求めたりした。町をそぞろ歩く女性からは憧れの眼差しで見つめられ、忘れられぬ町となった乗員もいたであろう。両艦出港時には、海岸はもとよりビルの窓、家屋の窓、ベランダも見送りの人々で埋まり乗員を感激させ、大歓声が港に響き渡る中を次の任務地に向けて港を離れて行ったのである。

大輸送船団の護衛

陸上に目を転ずると、一九一八年（大正七）になって、ドイツ政府はロシア革命政府と講和条約を結び、東部戦線の兵力を西部戦線に投入できるようになった。連合国はドイツ軍の攻撃に対して、中近東、アフリカ他各方面の部隊を最寄りの港まで送り、西部戦線でドイツ軍を圧倒しようとしたのである。

そのためアレクサンドリア港からマルセーユ港まで大量の部隊を輸送し、前線に投入する必要に迫られた。イギリスは輸送船七隻で大輸送船団を編成し、アレクサンドリア―マルセーユ、アレクサンドリア―タラントをピストン輸送することにした。この大輸送船団の護衛に当たったのが第二特務艦隊である。

陸軍部隊を満載してマルセーユやタラントに向かう往路ではドイツ軍潜水艦が満を持して待ち構えていたが、アレクサンドリア出港時はイギリス海軍による掃海、警戒、飛行機による偵察など、厳重な掩護を受け出港した。中継地点のマルタ島沖を経由して、タラントまでは四日、マルセーユまでは七日の航海で一回につき二万人位の陸軍将兵を運んだのである。見張り員は優秀で、いち早く潜水艦の潜望鏡を見つけてデプス・チャージによる攻撃を敢行し、或いは魚雷の航跡を見つけて巧みに躱しつつ砲撃を加えるなどして船団の護衛に当たりながら航海したが、如何せん七隻の大船団を護衛しつつ、敵潜水艦を迎撃し、犠牲を出すことなく目的港に辿り着くのは正に至難の業であり、五回の往路の航海で二隻の輸送船を失った。しかし、連合国からはこのような大輸送作戦を遂行したにもかかわらず損失輸送船は僅か二隻だけで中東戦線のエジプトから西部戦線のフランスまでおよそ一〇万名の将兵を運んだことは大成功と称えられ、第二特務艦隊のみならず、日本海軍将兵の卓越した技量と操艦術、戦闘能力、任務に対する完遂力、高い忠誠心などは高く評価されたのである。日本海海戦のときもそうであったが、海軍創設から半世紀を経ずして、師であるイギリスからも一目置かれたのである。

戦没者墓碑建立

第二特務艦隊が地中海に派遣されて一年が過ぎようとした頃、戦没、戦病死した将兵をマルタ島のイギリス海軍墓地に葬り、石碑を建立することになった。

一九一七（大正六）年六月一一日、全艦艇がマルタ島基地に集結した日に合わせて、墓碑建立の式典を行うことになった。当日は艦隊司令官、幕僚、各艦艦長などに始まり英国マルタ総督、英国海軍基地司令官他多数の人が参列した。式典は日英両国国歌吹奏に始まり、「海ゆかば」が吹奏された。遥けくも故国を離れて波濤幾千里、未知の敵潜水艦と戦い奮戦するも力及ばず異域の鬼となった将兵を偲んで、歴戦の強者も滂沱たる涙を流すのであった。第二特務艦隊佐藤司令官の祭文朗読の後、海軍大臣の友三郎と島村軍令部長連名の祭電が朗読された。

第二特務艦隊戦死者墓碑竣工納骨式ヲ施行セラルルニ際シ戦死者ノ偉勲壮烈ヲ追懐シ感慨愈々切ナリ乃チ遙ニ弔哀ノ微意ヲ表ス

（『日本海軍地中海遠征記　第一次世界大戦の隠れた戦史』）

終戦とUボートの廻航

第二特務艦隊の活躍があり、アフリカ大陸から西部戦線に多くの将兵が送られるにつれ同盟国の敗色は色濃くなっていった。ブルガリア王国がまず降伏し、オーストリア・ハンガリー帝国が続き、ドイツは西部戦線で最後の攻勢に出るがかなわず、キール軍港で起きた水兵の反乱をきっかけにドイツ革命が起こり、ヴィルヘルム二世が退位して亡命し、休戦条約が結ばれ、四年半にわたった第一次世界大戦は終結した。第二特務艦隊や連合国海軍を苦しめたドイツ海軍の潜水艦Uボートは一四〇隻が残され、各国に分配されることになり、日本海軍には七隻のUボートが引き渡された。ドイツ海軍は降伏後引き揚げてしまったので日本側回航員は七隻の整備に大変苦労した。日本には潜水艦らしい物のない時代であり、若干の潜水艇経験者を除いては素人同然の回航員にとっては想像もできないほど困難にして一筋縄では行かない作業であった。現に米国海軍は割当てられたUボートを残したまま引き揚げてしまった。日本海軍はUボート七隻をマルタ基地まで回航した後、待機していた回航員や技術者を乗せてきた特務艦「関東」に曳航させて日本に向かわせたのである。

Ｕボート回航の目途がついた後、第二特務艦隊は連合国を親善訪問し、各国の戦跡を訪ね、熱烈な歓迎を受けた後、母国に向かった。

第五章

ワシントン海軍軍縮会議

大戦後の日本海軍

友三郎の人生を彩った最大のものは日本海海戦において連合艦隊参謀長としてバルチック艦隊を撃滅したことと、ワシントン海軍軍縮会議において主席全権として、米英両国を相手に軍備制限交渉に臨んだことである。史上最初の世界大戦、第一次世界大戦はかつてない総力戦となり戦争当事国を消耗させた。ただ日本は日英同盟を理由に参戦するも、犠牲はほとんどなく、西欧諸国が戦争に関わっている隙に、中国やアメリカ向けの輸出を増大させ、世界的な船舶の不足により、製鉄、造船業が盛んとなり、重工業も発展したのである。

同じくアメリカもイギリス、フランスが疲弊したのと比べ、ヨーロッパとの貿易により強大な経済力を獲得し、さらにアメリカが参戦したことにより、連合国の勝利に大きく寄与したこともあり、国際的な地位は上昇していた。こういう世界情勢の下、一九一九年（大正八）一月、第一次世界大戦の混乱を収拾するために開かれたパリ講和会議では日本は英米仏伊と並ぶ五大国として参加、アメリカのウィルソン大統領が民族自決・軍備縮小・国際連盟の設立などを提案したが、英仏のドイツ憎しに押されて成立したのは国際連盟の設立のみであった。同年六月に成立したヴェルサイユ条約ではドイツはすべての植民地を失い、苛酷な賠償金を課せられた。この結果、ドイツでは経済が破綻し、天文学的なインフレに見舞われ、国民の間にヴェルサイユ条約と連合国に対する憎しみが膨れ上がり、恨み骨髄に徹するまでになった時、ヒットラー率いるナチス（国家社会主義ドイツ労働者党）が急速に台頭し、勢力を広げていったのである。英仏他の列強は植民地の解放も拒否した。ウィルソン大統領がスペイン風邪にかかり満足のゆく会議の運営ができなかったため、第一次世界大戦後の国際体制は禍根を残したものとなった。

日本は新しくできた国際連盟で大国の仲間入りをして常任理事国となり、国際的な発言力は強くなっていたが、日本の台頭は欧米列強の警戒心を呼び起こすのである。

日清戦争、日露戦争を戦った海軍の増強はその後も進むと同時に欧米列強の造艦競争に伴い、これに対抗するための新たな造艦計画の策定に迫られ、一九〇六年（明治三九）から一九〇九年（明治四二）、友三郎が四年間次官をした斎藤実海軍大臣の八年間に竣工したのは戦艦六隻、巡洋艦九隻であるが、海軍の要求とは程遠いものであると共に、国家予算を圧迫したのである。さらに海軍は一九一一年（明治四四）以降、艦齢八年未満の戦艦八隻と巡洋艦八隻からなる「八八艦隊」を保有しようとしたが、国家財政はこれを許さなかった。

友三郎は一九一五年（大正四）に海軍大臣となり、海軍力の増強に力を注いだが、「八八艦隊」の実現には時間がかかるのは分かっていたので、問題なのは補助艦艇であって、それが如何なる能力を持ち、如何なる編成にするかを熟慮した。加えて主砲をこれまでの一四インチ砲にするか、今後は一六インチ砲にするか、主砲は何門搭載するかということも大きな問題であった。

海軍内では様々な議論があったが、友三郎は原内閣の海軍大臣として、一九二〇年（大正九）の議会で「大正一六年度までの八年間で、戦艦四隻、巡洋艦一二隻、駆逐艦三二隻、その他潜水艦、特務艦などを建造する」と述べている。「八八艦隊」の編成が具体的に姿を表したのである。

日露戦争後、日本海軍の仮想敵国はいなくなったが、いなくなっては困るのでドイツとした。しかし、第一次大戦の結果、そのドイツもいなくなったのでアメリカとしたが、日露戦争の結果、地球上に日本海軍に匹敵するような海軍を持つ国は存在しなかった。日本とイギリスは同盟関係にあるのだから実際には仮想敵国はいなかったけれども、肥大化した組織を維持するためにはこうするしかなかったのである。

海軍と陸軍では仮想敵国が違っていた。ロシアの世界一とも言われる強大な陸軍は温存されていていつか恨みを晴らそうと思っていた。日本陸軍の仮想敵国は常にロシアであった。

このように国内の状況も世界情勢も流動する中、ワシントン海軍軍縮会議は開催されたのである。

友三郎　ワシントンへ

ワシントン会議を裏で操っていたのはイギリスである。第一次世界大戦の戦勝国とは言え、イギリスは疲弊していて、かつての弟子であった日本の海軍力の増強に脅威を感じ始めると共に、東洋・南洋の権益の保持にも不安を感じていた。そこでイギリスは親戚筋のアメリカを誘い、日本との軍縮交渉に臨もうとした。アメリカも無制限な軍備拡大を望んではいないので、この提案は渡りに船であった。したたかで、百戦錬磨の外交上手なイギリスの面目躍如たるものであった。

首席全権には友三郎が選ばれたが、原首相は最初から友三郎に白羽の矢を立てていた。かねてより友三郎の寡黙で、必要なことさえも語らないが、何事であれ正鵠を射た結論を言う腹の据わった豪胆な人柄には感じ入っていたのである。

海軍から全権を出せば米英に対して強硬論ばかりが出て収拾がつかなくなってしま

うだろう、或いは海軍以外から全権を出せば海軍に反対されて纏まるものも纏まらなくなるだろうとか様々な意見があったが、原は海軍から友三郎のような冷静に論点、本質を把握し、大局に立ちつつも彼我の望む所のバランスを取った上で決断を下すような人物を出す方が、海軍を始め大方を納得させられるだろうと思ったのである。

東郷提督は「友三郎しかいないだろう」という考えであった。

友三郎は原に「八八艦隊の原則は破りたくないが、米英との均衡を保つための腹案は用意してある」と語っているが、既に対英米七割案の限界を悟っていたのである。建造費だけで国家予算を大きく圧迫した上、維持費、艦艇の更新などが続くと既に日本という国家では賄いきれない巨額の予算が必要であることは自明の理であった。友三郎の胸中には徐々に焦燥に似たものが湧き上がってきたのではあるまいか。

友三郎　八八艦隊を葬る

一九二一年（大正一〇）、ワシントン軍縮会議は第一回総会における米国全権ヒューズ国務長官の爆弾発言に始まった。ヒューズの投下した爆弾は次のようなものであった。

一、建造中または計画中の戦艦はすべて放棄すること
二、老齢戦艦は廃棄してさらに縮小すること
三、一般的に関係各国の現有海軍力に考慮すること
四、海軍力の測定は戦艦のトン数を基準とし、補助艦艇はこれに比例して割り当てること

この原則を日米英の三大海軍国に適用し、大雑把に言うと次のようになる。

日本：戦艦七隻二八万九一〇〇トンと老齢戦艦一〇隻一五万九八二八トンを廃棄する
米国：戦艦一五隻六一万八〇〇〇トンと老齢戦艦一五隻二二万七〇四〇トンを廃棄する
英国：戦艦四隻一七万二〇〇〇トンと老齢戦艦一九隻四一万一三七五トンを廃棄する

従ってこのような廃棄が実現した場合の三国海軍の戦艦は日本一〇隻二九万九七〇〇トン、米国一八隻五〇万六五〇〇トン、英国二二隻六〇万四四五〇トンになるのである。さらに口径一六インチを超える砲の装備は禁止され、航空母艦、その他の艦艇も同様に制約されるようになるのである。

ヒューズの爆弾は強烈で徹底的な軍縮案であったが、参加各国は大筋で賛成した。各国とも望むところは同じだったのである。しかし日本は対米英七割の海軍力に固執して反対した。そもそも対米英七割というのは全権団の基本方針であったが、この数字が妥当なものかどうかは、友三郎が海軍内部で常々追究していた問題であった。七割という数字は日米英三か国の現に保有する海軍力、将来の造艦計画、地政学的条件、国力の相異などあらゆるものを考慮して出した大雑把な数字であった。であるから友三郎は米英に対して七割という数字の妥当性と、六割という数字の不合理を相手に納得させる根拠を海軍内部に求めてきたが、理論的な裏付けとなるものは出てこなかった。六割ならダメで七割なら日本の国防は安全であるというものでもなかったのである。

友三郎はワシントンに向けて出発前に、あらゆる局面を想定していたが、根底に流れていたのは第一次世界大戦で疲弊したイギリスに代わって巨大な工業力を持つに至ったアメリカと競うようなことは絶対に避けなければいけないということであった。多少とも不利な条件であっても、アメリカを数字で縛りつけることができれば将来に禍根を残さないであろうということが友三郎には分かっていた。論理的に説明のできない、観念的と言ってもいい六割と七割の差にこだわったばかりに軍縮会議が不調に終われば、造艦競争は歯止めが利かなくなり、その結果は火を見るより明らかであった。

日露戦争で疲弊して不況にあえいでいた日本も漁夫の利を得て、かつてない好景気になり、債務国から債権国に転じ、重工業などが発展していったが、アメリカはヨーロッパの列強諸国と立場が逆になってゆき、世界最大の債権国になり、ニューヨークは国際金融の中心地へと変貌を遂げつつあった。

友三郎は日本とアメリカの国力の差を読み切っていたし、八八艦隊の限界も分かっていた。アメリカとの間で造艦競争が始まれば、初めのうちは対抗することができるであろうが、いずれ代艦建造の時期が来ればもはやアメリカの工業力に太刀打ちできないことを友三郎は見通していた。

むしろ、友三郎はアメリカの首に鈴をつけようとしていたのであるが、その圧倒的な国力を理解できない海軍内部を、否、自国の指導者を冷笑していたのではないか。

一月一三日、友三郎は幣原喜重郎アメリカ大使主催のレセプションで「過剰な軍備負担の軽減は人類文明のために絶対必要である。日本海軍は日露戦争前の恐怖に基づく防衛的なものであり、米英両海軍のいずれにも匹敵しようとしたことはない。また日本はアメリカに対して何ら禍心を包蔵することなく、少なくとも、両国に関する限り完全なる了解に到達することは何の疑いもないところである。日本はこのような態度でアメリカの誠意を証明する今回の提案に対処しようとするものである」と述べている。

友三郎はあらゆる条件下での対応を練っていたし、ヒューズの爆弾のような提案があることも予見していた。

一一月一五日の第二回総会で、米国、英国の演説に次いで友三郎は各国全権や新聞記者が固唾をのんで見守る中、立ち上がった。

今回の会議の標的は何といっても日本であったから、会議の展開はあたかも日本を中心にしたような感じであり、その中でも首席全権が日本海海戦の連合艦隊参謀長の友三郎であったから、一体如何なる人物なのか、何を言うのかとアメリカを始め、各国の関心は非常に高いものであり、興味津々であった。

友三郎がワシントンに到着した時は、ヒューズ国務長官が駅頭に出迎え、官民あげて盛大な歓迎を受け、いつもはぶっきらぼうを絵に描いたように無愛想な友三郎もさすがに微笑を浮かべて歓迎の人波に応え、流暢な英語で挨拶を交わしたが、この時は日本語で演説を始めた。

「私は演説には慣れていないので、簡潔に、率直に申し上げる。軍備制限に対する米国政府の提案は誠実なものであると深く認める。日本はこの提案を各国民をして無用の支出を免じて、世界平和に貢献するものと信ずる。日本はこの計画を企画するに至る米国の高遠なる目的に感動し、主義においてこの提案を受諾し、自国海軍軍備に徹底的な大削減をして協議に応じる覚悟をした。国家がその安全を保障するために必要な軍備を維持するのは一般に認められているものであるが、さらにそれは米国が提案した審査で充分考慮すべきである。この見地において、日本は各種艦艇の代艦建造に対するトン数基準に関して多少の変更を必要とするので追って修正案を提出するが海軍専門家で審議して頂きたい。私はこのような変更が提議された場合、米国及び他の代表者は日本が諸国の案に接すると同様の態度でこれに接し、考慮されることを望む。日本は決して米国また大英帝国の勢力に等しい軍備を維持することを曾て要求したことも要求しようとしたこともない。日本が決して侵略的戦争の準備を目的としているのではないことは明日な事実である」

通訳が進み、「主義においてこの提案を受諾し、自国海軍を大削減する」と分かった時には満場感動し、総立ちとなって拍手した。

演説が終ると会場は「ブラボー、ブラボー、ブラボー、アドミラル・カトウ」と友三郎を賞賛し、快哉を叫ぶ声は会場を揺るがすほどであり、拍手・喝采はしばしの間鳴り止まなかった。ロシアのバルチック艦隊を潰滅させた連合艦隊参謀長自らが海軍軍縮案に賛同する発言に、各国全権、海軍軍人、新聞記者を始め満場の人々は深い感慨と大きな僥倖に満たされ、惜しみない賛辞を贈ったのである。

友三郎がこの演説の境地に至ったのは、造艦競争になった場合、日本の国力がそれに耐えることができないという明白な事実だった。

さらに、「吉野」の造兵監督官として滞在した英国で見聞きした西欧の事情、第一次世界大戦で出現した史上初の総力戦、第二特務艦隊の地中海遠征を経験し、常々考えていた国防は軍の専有ではなく、国力を総動員して初めて国は守れるということであった。

八八艦隊の完成が五年後の一九二七年（大正一六）とすれば、イギリスはともかくアメリカは新しい計画を立てて、日本を凌駕するであろう。工業力に勝るアメリカと日本の海軍力の差は開くばかりである。かくして友三郎は八八艦隊を自ら葬り去ったのである。

小松緑氏の『華盛頓（ワシントン）会議之真相』では概ね次のように述べている。

「加藤全権は米国人が挙国一致で後援し、世界最大の海軍国、英国の代表者が無条件で受諾したヒューズ案に対し、賛否を保留するような微温的態度を執れるものではなかった。主義に於いて賛成するというのは結局日本のためになると自分だけで決心したとのことであった。加藤全権が断乎として賛意を表示したのは日本の軍国主義に対する疑惑の大部分を解除するのに多大の力があった。評論家のマーク・サリバン氏は「加藤全権はあの一言『主義に於いて』だけで忽ち男を揚げて、米人の好感を惹きつけた」と言っている。その後の応対振りを見ても、加藤全権は頑迷不霊の武弁と思いの外、円転滑脱な機知に富み、しかも正直で大胆で、毀誉褒貶を顧みず邁進して信任を博した。各国海軍々人を招待した席上で、巧みな英語で『世界平和のためとは言いながら、お互いに飯の食い上げになって閉口だ』などと率直に偽らざる告白をやった時は列席者一同が彼の光風霽月の如き袴度にすっかり感服してしまったそうだ」

また当時、萬朝報紙上で佐藤特派員は次のように記述している。

今度の会議を通じて我全権中の大立物は何と言っても加藤大将であった。（中略）大将の華府（ワシントン）会議に於ける全権振りは、流石に群を抜いて居た。其の外交上の折衝が再三窮地に陥ったこともある。殊に海軍問題に対しては其の当面の責任者たる位置と、外交的全権たる位置との間に板挟みとなって、進退両難に陥ったことも一再では無かった。殊に原首相没後は既定計画に幾多の齟齬を生じ、且つ高橋新首相の新方針を顧慮する必要上、其の生来の直截簡明を欠いた点もあった。（中略）併し外交主任の幣原大使が、重要問題頻発の際病褥に在ったに拘らず、其の不得手な支那問題を一身に引受け、一方英・米委員の動静を探り、一方本国政府及世論の趣向を察して、悪戦苦闘した苦衷は、買ってやらなければならぬ。

（中略）

大将は確に明晰なる頭脳と鉄の如き意志とは、必ずしも其儘外交界に通用は出来ぬ。

華府会議には理智一方神出鬼没端倪すべからざる英国全権と、何事も常識に訴えて、米国という大国を鼻に懸けて、無鉄砲に正面から突っ張って来る米国全権とある。其外感情一方、加うるに自尊心の高い仏国全権がある。決して露国艦隊の進路のように、一本調子には往かぬ。此の複雑至極の外交舞台、而かも不慣れの外交上の折衝に当って、終始一貫少しも取乱した様子の無かったのは、確に彼れの頭脳と意思との賜である。

昨今外人間に「外交家ならぬ外交家」なる言葉が流行して居る。それは米国の「ヒューズ」氏と我が加藤全権とを評したもので、此の熟語は確に全権としての両人の半面を説明し得たものである。「ヒューズ」氏は元来法律家であった外交家で無い。我加藤大将も武人で外交家で無い。併し「ヒューズ」氏は終始一種の信念を固持して、之を常識的に直截的に押進めて行く米国代表政治家である。加藤大将も亦確乎たる信念を抱いて、其の所信に邁進する代表的武人である。両者共其外交家的術策を弄せぬ点は或程度迄相似て居る。これ両者の間に常に一脈の意志の疎通があった所以であろう。

（『加藤友三郎』ゆまに書房）

海軍専門部会、全権会談を経て、日本は太平洋防備問題を条件に対米英六割を承諾した。太平洋防備問題とは友三郎が準備していて、提起したもので、太平洋の要塞及び根拠地の現状維持を米英が認めるというものである。さらに廃棄を要求されていた戦艦「陸奥」を復活させる代わりに米英も建造中の戦艦の完成と旧式艦の廃棄が決った。

これにより、代艦建造計画による主力艦は基準排水量において、

日本：三一万五〇〇〇トン
米国：五二万五〇〇〇トン
英国：五二万五〇〇〇トン

を超えることができず、トン数では米英一〇、日本六となった。ワシントン海軍々縮条約が成功したのは偏に友三郎の大局を見て、自らが計画してきた「八八艦隊」を葬ったことにあった。友三郎は敢えてワシントン軍縮会議を最高度に利用したとも言うことができるのである。

将来を見据えた友三郎

師としてきた英国海軍に倣って、日本海軍では艦隊司令長官級は兵学校卒業期や先任序列にこだわった。陸軍においてはなおさらのことであった。

山県有朋は元老になり、死するまで陸軍を穏然と支配した。

日清戦争後、藩閥内閣となり政党は対立を繰り返したが、一八九八年（明治三一）に第二次山県内閣が成立し、文官任用令を改正して、政党員の猟官活動を規制して政党と対立した。山県は政党が大嫌いだったのである。山県のもとには政党に反撥する陸軍や内務省保守派官僚が集結したので、自らの地位を盤石のものとするため、また政党の影響が軍部に及ぶのを防ぐため、陸海軍大臣を現役の大将、中将に限定する軍部大臣現役武官制を強引に制定している。この制度ができたことで、山県は自分の気に入らない内閣には陸軍大臣を出さないことができるようになり、自分の要望通りにならない内閣からは陸軍大臣を引き上げて、後任の陸軍大臣を出さず内閣総辞職に追い込むなどしたのである。

現に一九一一年（明治四四）に誕生した第二次西園寺内閣では財政再建の必要から、陸軍の求める軍拡を拒否すると陸軍は上原勇作陸軍大臣を辞任させて内閣を倒したのである。

友三郎は造兵監督官としてイギリスに滞在したのを始めとして、折に触れ欧米諸国の軍部大臣のあり方、特に文官制については考えるところがあったのであろうし、ワシントン会議に参加して、欧米諸国がこういう問題で全く悩む必要がないのを目の当たりにして、「国防は軍人の専有物に非ず」の感を強くしたのだった。

いずれ出現するであろう諸問題を洞察する友三郎の前には、時の政府と軍部が軍縮問題で衝突する様がありありと見えたのである。

第六章

残燭内閣誕生

無私の友三郎

一九一八年（大正七）、政友会総裁原敬は首相に就任し、初の本格的政党内閣を組織した。大正デモクラシーが発展する中、普通選挙運動が大きな盛り上がりを見せたが、原内閣はこれに消極的であった。政友会は勢力を伸ばし、政府案はほとんどが議会を通過する有様で、政友会の奢りが目立ち始めた頃、一九二一年（大正一〇）一一月四日、原首相は東京駅頭で、政友会の横暴に憤慨した山手線大塚駅の転轍手、中岡艮一に暗殺された。友三郎らワシントン会議全権団が日本を出発した翌月のことであった。たちまち世情は騒然として、政友会の新総裁高橋是清内閣が誕生したが、僅か半年で倒れた。元老の松方正義、西園寺公望は政党以外から首相を選ぼうとして候補に上がったのが友三郎である。若い時にフランスに留学し、第一次世界大戦のヴェルサイユ講和会議には日本全権として出席した西園寺は平和主義者として知られていた。

彼はワシントン会議で友三郎の見せた合理的に判断して、譲るべきところは譲り、且つ世界の潮流を読んで舵を取りつつも自国の生命線は守り、大局を見ることのできる海軍軍縮に関する広い視野と南太平洋における防備問題でヒューズの同意を得るに至った説得力と見識に深く感ずるものがあった。

友三郎は無欲であった。海軍大臣の時代を通して友三郎が政治面で何らかの執着を見せたことは皆無で、ただ海軍の充実と世界の中で日本海軍が如何にあるべきかということのみを考えていたが、それは彼にとって当り前のことであり、自然の姿であった。そして何事も冷徹に見通す彼の目にはワシントン会議後の自身の役割が見えていたのではあるまいか。彼はかねてより「国防は軍人の専有物に非ず」の信念を持ち、西欧列強の陸海軍が文官の下にあるのを当然のこととして見ていた。特に外交問題において、大きな歪みが生じるのが分かっていたからである。日本では陸海軍大臣は山県有朋の定めた悪しき法令、軍部大臣現役武官制に従い、必ず軍人がなることになっており、政府に忠誠を誓うわけではなく陸海軍の代表者なのである。徴兵令の布告以来政府は近代的な国民軍を創設したが、特に陸軍は政府の外交政策に大きく関与し、日本の外交は陸軍が行っているかのような状況を呈していた。

しかし、第一次世界大戦に始まる国家の総力をあげて戦う戦争では国家を導いて行くことができるのは軍人ではなく、経験豊富な政治家でなくてはならないことが友三郎には分かっていた。友三郎はかねてより軍令部を廃止する案も研究していた。軍令部は一八九三年（明治二六）に設けられ、作戦と用兵を掌り、兵力量決定を行った。

軍令部々長は天皇に直属し、軍の最高機密に参画し、天皇の命令を各部隊、組織に伝えるのである。海軍省は軍政を行い、軍令部は軍令を行うのであるが、軍令部の権限を拡大しようという動きは友三郎の海相時代にもあった。軍令部は政治面を考慮する必要がないので、力が強くなると歯止めが利かなくなり、海軍大臣を超えて戦争に突入する恐れがあると友三郎は危惧したのである。

友三郎の卓越した見識は正に西園寺が求めていたものであったし、官僚や軍人の内閣でもいたしかたあるまいと思っていた彼にとって、これ以上の人選はあり得なかった。

無愛想な残燭宰相

友三郎の組閣は政党間の軋轢を避け、かつ政党などのつけ入る隙を与えることなく、電光石化の如くに行われた。

日本海海戦で刻一刻と日本に迫りつつあるバルチック艦隊を迎え撃つ連合艦隊参謀長として極限にまで達した緊張と精神状態に比べれば、それほど頭を悩ませるようなものではなかったのであろう。もちろん万全の備えは原首相が暗殺された時から練られていたのである。

友三郎の内閣総理大臣就任を最も喜んだのは姉の静子だった。彼女は広島市内で一人暮らしで、お姉さん子だった友三郎は帰省した折はいつも真っ先に彼女の下に行ったが、弟を殊の外可愛がっていた彼女にとって、軍人としても官僚としても、さらに政治家としても、内閣総理大臣という頂点に昇りつめた弟はいかばかりか誇らしい存在であったことであろう。彼女は天寿を全うし、友三郎が亡くなるわずか五か月前に八四歳で没したが、友三郎は彼女の晩年に望み得る最高の贈り物をしたことになる。広島市内では盛大な提灯行列が行われた。

しかしながら、当時の一般の論調は新内閣に対してかんばしいものではなかった。それは第一にこの内閣は政権政党が倒れた場合は在野の党に代わるべきであるという憲政の常道に反して、民意に背く中間内閣ということにあった。第二に多くの閣僚が官僚出身の貴族院議員が多く、貴族院内閣とか超然内閣という批判があったことであり、第三に友三郎が前内閣の閣僚であり、その政治責任を免れることはできないとするものだった。一方、当時の政党に飽き足らず、政党人以外に政治を任せた方がいいという意見や、政党が成熟するまで中間内閣の存在も止むを得ないという意見もあった。

友三郎は人に愛想笑いをするような人間ではなく、子供の頃は「ひいかちの友公」というあだ名の通り癇癪持ちであり、潔癖症であり、長じては鋭い感受性から溢れ出る、一切の無駄を省いた一言は鼻で人をあしらうが如きであった。

友三郎の内閣は胃腸の弱い長身痩躯の風貌をもじって「残燭内閣」と呼ばれたが組閣後、東京日日新聞は大正一一年六月から「残燭内閣物語」という記事を連載した。

（一）鼻であしらう

加藤君が果たして内閣を引き受けるか否か、築地の陸軍病院を訪ねて、加藤君のロウソク姿をひっとらえて、「参内するのかしないのか」と単刀直入に斬り込んでみると、蓄膿症で鼻の孔に脱脂綿を詰め込んだ彼は、物憂いような細い目で記者の方を見て、「そんなことが分かるかい」と突っ放した。鼻であしらうということは本当のことか。

（二）内威張りの外すぼみ

加藤君は愛嬌がないといわれるが、あれでもワシントンに赴いた時はあちらの記者にせいぜい愛嬌を振りまいたという。あの顔で愛嬌撒くかや加藤君―やはり努めてやればできぬことはない。それを外国でばかり愛嬌を振りまき、こちらへ還って鼻の先であしらうとは、内威張りの外すぼみのそしりをまぬがれまい。

今や人気稼業の内閣を引き受けた。いかに持前とはいえ、そうそう鼻の先であしらっていると、折角わずかに残るロウソクの芯まで燃えつくしてしまって、元も子もなくしてしまうぞとの声もある。


厳しいようではあるが、友三郎を思い遣る人情味溢れた批評である。

首相と海相を兼任し、判で押したように規則正しく、黙々と業務をこなし、長年住み慣れた海相官邸と海軍省と首相官邸を行き来するだけの友三郎にかんばしからざる評判はうすれ、胃腸の弱い体をいとわず、ひたすら己に与えられた天命とも言える激務を果たす友三郎に衷心から敬服するようになったのである。

欧米の政府、識者は友三郎に好意的で大いに期待した。友三郎が内閣総理大臣である限りはワシントン条約の精神と条約は固く守られるだろうと当然の如くに期待されたのである。

一九二二年（大正一一）六月一五日、第四六回通常会議において、友三郎は施政方針演説を行い、外交方針に関する声明を発表した。

「外交の基本方針は前内閣と同様で、関係国との友好を深め、益々強固ならしめる。日本国民は隣邦中国が現在の不幸な政情を脱し、中国々民自身の努力によって平和統一することを切望する。ロシア国民に対しては、その苦難に深く同情すると共に速やかにこれを離脱することを希望し、シベリアに関する諸問題には迅速円満な解決に力を尽くしたい。新内閣の外交方針は国際連盟規約、並びにワシントン会議諸条約及び決議の規定及び精神に基づき、各国と協力して親交を深めたい」

　また、内政に関する所感では、

「政治改革の必要なものは多い。特に社会的問題は時代の進歩に応じて、その本質を見極め、適宜最適な方法を決めたい。綱紀を粛正し、国民精神を奮い立たせ、行政の無駄を省き、財界の安定を図ると共に、教育及び産業を振興し、一般国民の生活の向上を図る所存である」

　友三郎の内閣総理大臣在任期間はわずか一年二か月余りであったが、その間にシベリア撤兵と陸海軍の軍縮をやった。

内外から強い批判を浴び、長期にわたり居座り、ソビエト国民の敵意を煽ったシベリア出兵を、多額の戦費と多くの犠牲者を出した末にやっと撤兵させたのである。

陸軍の軍縮は山梨陸軍大臣によって行われたが、陸軍部内の反対もあり、徹底さを欠いたものとなった。

海軍の軍縮はワシントン条約の協定どおりで実施され、併せて海軍々人、海軍関係の職工多数が整理された。

友三郎は総理大臣就任後、体調が優れなかったが、貴族院、衆議院に出席して、自ら予算案などの説明を行った。

「三笠」艦上で倒れていてもおかしくない自らの来し方を省みて、いつ倒れてもいい、燃え尽きるまでこの重責を果たすという強靭な不退転の精神力で職務を遂行していたのである。

海相兼任は無理な状況となり、財部海相を入閣させた頃から、友三郎の病状は目に見えてひどくなり、亡くなったのは一九二三年（大正一二）八月二四日、享年六十三であった。

エピローグ

友三郎の生涯は海軍一筋であった。

葬儀も一九二三年（大正一二）八月二八日、品川沖の戦艦「榛名」の弔砲が轟く中、永田町の首相官邸で海軍葬で行われた。

山本権兵衛、東郷平八郎、そして加藤友三郎を「海軍の三祖」と呼ぶ。


山本権兵衛は海軍を育てた。

東郷平八郎は海軍を活かした。

加藤友三郎は海軍の未来を描いた。


山本権兵衛はわずか四半世紀で日清戦争を戦うことのできる海軍を作り上げ、東郷平八郎は日本民族の存亡を懸けた日本海海戦で、海軍を活かしきった。加藤友三郎は世界平和を希求して、自らが実現を目指してきた「八八艦隊」を自らの手で葬り、米英と協調する道を選び、日本海軍の来るべき未来を描いたのである。

ワシントン会議の首席全権が友三郎でなかったなら会議の目的は達成できず、底なし沼のような造艦競争となり、国家財政が破綻するような事態に陥ったことは明白である。

ワシントン会議を最高度に利用しようとする秘めたる心算を持った友三郎がいなければ会議は成立していないし、国内をまとめることもできなかった。

友三郎は日本は米英と共にあるべきだと考えていたし、第一次世界大戦で疲弊した欧州諸国に代わって強大な経済力を持ち、世界最大の債権国となった米国を仮想敵国として覇権を競った末に満身創痍となって凋落の一途をたどる日本の姿が見えていたのだろう。

ワシントン会議に赴いた時の友三郎は日本海海戦で連合艦隊参謀長としてバルチック艦隊を海の藻屑として葬り、日本に勝利をもたらした有能な海軍々人であり、その時は軍備増強に邁進する好戦的な海軍の拡張主義者と思われていたが、会議を終えてワシントンを発つ時の友三郎は単に日本の海軍大臣に留まらず、強い愛国心を持ちながらも世界的視野で俯瞰し、軍備拡張に歯止めをかけ、以て平和を希求する諸国民の熱望に応え、世界の安寧を図る、静かな内にも凛として、激烈な気概を持った大政治家として尊敬されていた。

友三郎に対する評価は欧米では圧倒的であり、彼の内閣はワシントン会議の精神を具現化してくれるものとして、各国から絶大な期待を寄せられていた。

しかし、道半ばにして病に倒れ、燃え尽きた友三郎亡き後、海軍、そして日本は友三郎の危惧していたとおり、米英と対立し、孤立していくのである。

明治維新より四半世紀、営々と近代国家を築き上げて東洋民族の誇りとなり、仰ぎ見る希望の星となっていた日本は日露戦争の戦勝体験により、世界の中の日本という基本的立場から逸脱してしまった。友三郎がいれば「だから言わんことではない。お前達では無理なんだ」と皮肉たっぷりに言ったことであろう。

さらに、友三郎の海相時代からの懸案だった軍部大臣の文官制と軍令部の廃止は一顧だにされることなく、日本は東洋の王道から西洋の覇道へと突き進んだ。

日露戦争の勝利で絶頂まで昇りつめ、紅蓮の炎の如く、遍く世界を赤々と照らした日本は、友三郎逝去の後は、彼の思い描いていた王道の干城から大きく外れ、残燭が燃え尽きる如く消滅したのである。

人類初の原子爆弾が投下され炸裂したのは、彼の生家より僅か八〇〇メートルの地点である。

参考文献

『ロマノフ王朝　帝政ロシアの栄光と革命に消えた皇家』新人物往来社
『日露戦争下の日本　ロシア軍人捕虜の妻の日記』
　ソフィア・フォン・タイル／小木曽龍・小木曽美代子訳　新人物往来社
『日露戦争が変えた世界史「サムライ」日本の一世紀』平間洋一　芙蓉書房出版
『ソ連から見た日露戦争』I・I・ロストーノフ編／及川朝雄訳　原書房
『戦争の20世紀　日露戦争から湾岸戦争まで』松村劭　PHP研究所
『マルタの碑　日本海軍地中海を制す』秋月達郎　祥伝社
『図説イングランド海軍の歴史』小林幸雄　原書房
『海軍の世界史　海軍力にみる国家制度と文化』
　ジェレミー・ブラック／内藤嘉昭訳　福村出版
『蒼茫の海　軍縮の父 提督 加藤友三郎の生涯』豊田穣　プレジデント社

『ロシアから見た日露戦争　大勝したと思った日本負けたと思わないロシア』
岡田和裕　光人社
『日本海軍地中海遠征記　第一次世界大戦の隠れた戦史』紀脩一郎　原書房
『日本海海戦の真実』野村實　講談社
『海軍良識派の研究　日本海軍のリーダーたち』工藤美知尋　光人社
『わが国の軍備縮小に身命を捧げた加藤友三郎』田辺良平　春秋社
『加藤友三郎』新井達夫　時事通信社
「加藤友三郎首相の演説集」ＮＰＯ法人加藤友三郎顕彰会
『加藤友三郎』（歴代総理大臣伝記叢書13）御厨貴監修　ゆまに書房
『戦間期の日本外交』入江昭・有賀貞編　東京大学出版会
『日本海軍の栄光と挫折　列伝で読む組織の盛衰』半藤一利　ＰＨＰ研究所
『近代トルコ見聞録』長場紘　慶應義塾大学出版会
「日本への恋文《ラヴレター》」デュナイ・イシュトワン／小林好子訳　文藝春秋（昭和38年2月号）
『日本人の中東発見　逆遠近法のなかの比較文化史』杉田英明　東京大学出版会

『ヴェトナム亡国史 他』（東洋文庫73）潘佩珠／長岡新次郎・川本邦衛訳　平凡社
『日本政治史　外交と権力』北岡伸一　有斐閣
『日本外交史料集2　日米外交史』外務省調査部編纂　クレス出版
『華盛頓会議之真相』小松緑　中外新論社
『孫文革命文集』深町英夫編訳　岩波書店
『孫文と中国革命』野沢豊　岩波書店
『日本外交史13　ワシントン会議及び移民問題』鹿島守之助　鹿島研究所出版会
『幕末維新と外交』（幕末維新論集7）横山伊徳編　吉川弘文館
『対馬国志』（第二巻）永留久恵　「対馬国志」刊行委員会

著者プロフィール

杠 源十（ゆずりは げんじゅう）
1945（昭和20）年、広島市生まれ
信州大学工学部卒業後、建設会社勤務
現在、建設会社顧問
広島市在住

暁の航跡

2024年2月3日　初版第1刷発行

著　者　杠 源十
発行者　瓜谷 綱延
発行所　株式会社文芸社
〒160-0022　東京都新宿区新宿1-10-1
電話　03-5369-3060（代表）
03-5369-2299（販売）

印刷所　図書印刷株式会社

ISBN978-4-286-24980-3